Mama gibt auf

Die Geschichte einer Kindesentfremdung

Rella Krauß

Bibliografische Information der Deutschen Nationalbibliothek: Die Deutsche Nationalbibliothek verzeichnet diese Publikation in der Deutschen Nationalbibliografie; detaillierte bibliografische Daten sind im Internet über dnb.dnb.de abrufbar.

Herstellung und Verlag: BoD – Books on Demand, Norderstedt

ISBN: 978-3-7526-4382-4

Inhalt

VORWORT

Elterliche Entfremdung ist eine Form der psychologischen Manipulation von Kindern, bei der ein Kind so programmiert wird, dass es sich von seiner Mutter oder seinem Vater entfernt.

Wie fängt man eine Geschichte an, wenn man 1000 Gedanken, Erinnerungen, Gefühlsausbrüche und Schmerzen im Kopf und im Herzen trägt? Wenn man sich alles von der Seele reden will, für einen selber, für die Betroffenen, Freunde, Familie und unbedingt verstanden werden möchte. Wahrscheinlich einfach erst mal irgendwie darauf los schreiben.

In meiner Geschichte nenne ich meine Tochter Lisa und den Kindsvater Sven. Alle weiteren Beteiligten sind anonymisiert oder tragen geänderte Namen.

Mein liebes Kind. Ich wünsche mir, dass du irgendwann verstehst und verzeihst.

Wir waren eine intakte ‚normale' Familie. Zumindest von außen betrachtet. Für die, die uns nicht gut genug kannten. Wir hatten drei prächtige Kinder, einen großen Hund, ein schönes Haus, anerkannte Berufe und einen großen Freundeskreis, eigentlich schien alles perfekt. Wir hatten auch das Glück, noch keine schweren Schicksalsschläge erlebt zu haben. Nun gut, außer dem Tod meiner Schwiegermutter. Obwohl wir nie ein inniges Verhältnis hatten, ist so etwas natürlich immer verdammt traurig. Und die Schwangerschaft mit meinem Sohn 2005/06, die weitaus schwieriger als gewünscht verlief. Vielleicht war das auch ein Grund? Der Anfang der Entfremdung zwischen mir und Sven? Gleich zu Beginn der Schwangerschaft wurde bei mir eine Plazenta praevia totalis festgestellt. Da liegt der Mutterkuchen, der das Kind versorgt, an einer falschen Stelle, direkt vor dem Muttermund. Das kann für Mutter und Kind lebensgefährlich sein. Und so verbrachte ich die Hälfte meiner Schwangerschaft abwechselnd im Krankenhaus oder bei meiner Mutter auf dem Sofa. Da ich absolute Bettruhe verordnet bekommen hatte, jedoch nicht die ganze Zeit im Krankenhaus verbringen wollte, war das die einzige Möglichkeit. Ich hatte ja schon meine kleine Lisa. Sie war zwei Jahre alt zu diesem Zeitpunkt. Papa musste arbeiten, und somit kümmerte sich meine Mama hingebungsvoll um uns. Mir ging es psychisch nicht immer gut in dieser Zeit. Diese ständige Sorge, Angst um das ungeborene Baby! In diesen Monaten war natürlich an eine normale Beziehung nicht zu denken. Es war eine Herausforderung für uns alle. Aber es hat sich gelohnt. Denn mein Söhnchen hat

9

es bis zur 34. Schwangerschaftswoche geschafft, im Mutterleib zu bleiben. Dann musste er per Notkaiserschnitt geholt werden. Und er ist vollkommen gesund! Es folgten natürlich noch ein paar extrem anstrengende Wochen. Pendeln zwischen der Kinderklinik und der Familie zu Hause. Seitdem weiß ich, dass ein gesundes Kind und ein normaler Schwangerschaftsverlauf nicht selbstverständlich sind und ich bin unendlich dankbar dafür. Aber es hatte alles sein Ende. Mit Erfolg und ein wenig Glück. Unser krönender Abschluss war dann meine kleinste Tochter, die 2008 das Licht der Welt erblickte.

Ganz ohne Dramatik und so wie es sein sollte. Aber abgesehen von diesen Ereignissen, war alles prima. Und ich denke, dass uns auch andere, von außen betrachtet, für perfekt hielten. Ich selber fand uns als Familie auch toll. Das Einzige, was nicht mehr so toll war, war unsere Liebe zueinander. Ich habe das schon Jahre zuvor gefühlt. Gefühlt, dass irgendetwas nicht mehr so ist, wie es sein sollte. Wir hatten alle Phasen durchlebt. Alle Paare, die eine Familie gründen, machen das mal durch, würde ich jedenfalls behaupten. Die Phasen vom Hausbau, Stress, Kinder in die Welt setzen, ein zeitweise unbefriedigendes Sexualleben und so weiter. Aber das haben wir immer geschafft. Von einer Phase zur nächsten halt. Ich glaube, wir waren ein Fall von, zu früh geheiratet, geglaubt, es sei die große Liebe! Wie soll man das auch wissen mit 17 Jahren? Vielleicht war sie es ja auch, die große Liebe. Am Anfang zumindest. Zum Schluss auf jeden Fall nicht mehr. Wir haben uns die letzten Jahre so oft gestritten. Die Eifersucht überwog, bei uns beiden! Keiner gönnte dem anderen irgendetwas. Immer Misstrauen, kein gegenseitiger Respekt, es wurde sich beschimpft, ja auch mal geschubst. Ich habe mich die letzten Jahre ungeliebt gefühlt. Wie oft habe ich es angesprochen. Wollte kämpfen. Aber meine Hilferufe wurden nicht gehört. Ich glaube, dass Sven mich da auch schon nicht mehr richtig geliebt hat. Wir taten uns nicht mehr gut. Und irgendwann kommen Zweifel. Da kommt man an einen Punkt wo man denkt, war das alles? Kann sich da noch mal was ändern? Was soll ich tun? Man teilt sich guten Freunden mit. Möchte irgendwelche halbwegs sinnvollen Ratschläge bekommen. Auch eine Therapie hatte ich Sven mehrfach vorgeschlagen. Gute Freunde hatten es natürlich schon lange gemerkt. Auf gemeinsamen Feiern. Am schlimmsten immer dann, wenn Alkohol im Spiel war. Eigentlich konnten wir für eine entspannte Feier nur noch getrennt erscheinen.

Aber als Familie passte es. Wir hatten unsere Aufteilung, wer was macht, gleiche Wünsche und Prinzipien der Kindererziehung. Da passte es. Und so etwas gibt man nicht so leicht auf. Und ich würde sagen, das habe ich auch nicht. Ausschlaggebend für meine ersten ernsthaften Gedanken, diese Ehe zu beenden war, dass ich nicht mehr sagen konnte «*Ja, ich liebe diesen Mann*» Dafür haben wir zu lange in diesem - wie soll ich das beschreiben - kumpelhaften Verhältnis gelebt. Bewusst aufgefallen war mir das, als Sven seine Dienststelle gewechselt hatte. So ungefähr drei Jahre zuvor. Ab dem Zeitpunkt hatte er sich so sehr verändert. Es kam kein «Ich liebe dich» mehr, Sex nur dann und wann. Auch keine Zuneigung in Form von in den Arm nehmen. Der Ehering wurde nicht mehr getragen. Bei der Arbeit nicht, das war für mich noch in Ordnung. Aber privat? Wenigstens, wenn man mal ausgeht? Da hätte ich es mir schon gewünscht. Ich bat ihn dann, wenigstens mal ein gemeinsames Profilbild bei WhatsApp zu nehmen. Auch das bekam er nicht mehr hin. Wahrscheinlich sollte das damals schon nicht den Anschein erwecken, dass Sven eine intakte Ehe lebte. Da hätte ja jemand traurig sein können? Er begründete es nur so, dass es ihm ums Prinzip ginge. Wenn, dann nur freiwillig und nicht, weil es von mir auferlegt wird. Ich denke, es gibt Schlimmeres, das sich ein Partner wünschen könnte. So kann man sich vorstellen, dass wir nur noch aneinander vorbei lebten. Ich habe mir dann meine Bestätigungen beim Flirten geholt. Ich war irgendwann nahezu süchtig danach. Zu Hause gab es ja nichts. Süchtig nach Erhaschen netter Komplimente! Das führte natürlich dann auch zu noch mehr Unbehagen in unserer Ehe. Obwohl ich seine Eifersucht da gar nicht mehr verstand. Aber ich weiß jetzt, dass Eifersucht nicht unbedingt etwas mit Liebe zu tun hat. Es geht um Loyalität, Bündnistreue und (Selbst)Bestätigung. Doch dazu am Ende des Buches mehr.

Das Ende vom Lied: Ich habe mich verliebt! Habe es die ersten Wochen versucht zu verdrängen. Musste für mich erst einmal herausfinden, was das für Gefühle waren. Ja, aber es waren die wahren Gefühle! Und ich konnte nicht mehr zurück. Ja, ich war meinen Kindern gegenüber egoistisch. Ich habe an mein Glück gedacht, darauf gehofft. Aber ich hatte doch so viel versucht vorher?! Ich wollte einfach nur das Gefühl haben, dass mich jemand liebt und dass ich liebe. Ich kannte das Gefühl nicht mehr. Beides nicht: Geliebt werden und lieben können. Mein heutiger Mann hat damals zu mir gemeint, «*nur wer sich selbst liebt, der kann auch lieben»* Nach einer langen Zeit ohne Liebe war das nicht leicht. Überhaupt habe ich es mir nicht leichtgemacht. Diese Zeit war schlimm. Schön und schlimm.

Ich wollte meiner Familie nach unserem gemeinsamen schon gebuchten Urlaub alles erzählen. Wir hatten zwei Wochen Inselurlaub mit einer befreundeten Familie gebucht. Alle freuten sich so sehr. Ich habe lange gezögert diesen Urlaub noch anzutreten. Ich habe zu Sven vorher noch gesagt, dass ich mir nicht mehr sicher bin, dass ich nach dem Urlaub eine Auszeit brauche und ob wir den Urlaub lieber sein lassen sollen. Er verneinte und wiegelte ab, so als würde ich nur eine vorrübergehende Grippe haben, die mich nicht klar denken ließ. Ich war mir zwar schon sicher, dass ich diese Ehe beenden würde aber vor dem Urlaub wollte ich die Bombe nicht platzen lassen. Ich wollte jedoch, dass Sven zumindest schon einmal erfuhr, dass so gar nichts mehr in Ordnung war und ich diesen Urlaub in erster Linie wegen der Kinder wahrnehmen wollte. Ich habe auch gedacht, dass ich das den Kindern schuldig sei. Die haben sich so gefreut und schließlich nichts geahnt. Aber dieser Urlaub war die Hölle und eine Lehre fürs Leben! Und hinterher ist man immer schlauer. Fazit: Ich bin alleine ein paar Tage vorher abgereist. Das waren die bis dahin schlimmsten Stunden. Aber es wurde mir nahegelegt, zu gehen. Und ich habe es auch verstanden. Der Stimmung wegen, den Kindern zuliebe. Ich hätte gut so weiterspielen können. Aber Sven konnte es nicht. Und so haben die Kinder auch zu viel Streit mitbekommen. Das war das Erste, was Lisa mir später übelgenommen hat. Dass ich sie dort zurückgelassen habe. Aber ich habe ehrlich gedacht, sie sollte noch ein paar Tage Ruhe haben. Ich wusste ja, was nach dem Urlaub passieren würde und dass danach nichts mehr sein würde wie bisher.

Zu Hause wäre nur eine Mama gewesen, die geweint hätte. Und auch dazu hat man mir vor Ort die Entscheidung abgenommen. Es wurde bestimmend gesagt: «*Die Kinder bleiben hier!*» Es war so schlimm. Ich hatte nicht vor, meinen Kindern und den Freunden den Urlaub zu vermiesen. Das war wirklich nicht meine Absicht. Es war so, dass ich natürlich auch angespannt, verzweifelt, überfordert war in solch einer Situation. Die Freunde wussten über unseren Zustand Bescheid. Sie hatten aber, glaub ich, noch die Hoffnung, dass der Urlaub uns wieder näher zusammenbringen würde. Die Atmosphäre war scheußlich. Kaum auszuhalten. Sven ließ mich das zur Genüge spüren. Mit Blicken, spitzen Kommentaren, Nachrichten auf dem Handy an mich, die oft unter der Gürtellinie waren. Ich konnte es kaum aushalten. Sobald das erste Bier floss, wurde es schlimmer und schlimmer. Ich glaube, es war der 4. oder 5. Tag als mein Sohn mich sprechen wollte. Er hatte Tränen in den Augen. Er fragte mich, ob Papa mich verlassen würde? Da stand er, mein süßer Kleiner am Pool auf der Urlaubsinsel und machte sich darüber Gedanken! Ich fragte ihn, warum er das glauben würde. Er hätte gesehen, dass Papa einer anderen Frau schreiben würde und immer mit Herzchen Smileys, und das sei nicht das erste Mal gewesen, dass er es beobachtet hätte. Da zerbrach meine aufrechte Fassade. Ich musste auch weinen. Ich konnte doch da nicht weiter so tun, als ob nichts wäre. Und ich erklärte ihm, dass Mama und Papa nach dem Urlaub eine Auszeit bräuchten. Dass wir uns im Moment nicht mehr so gut verstehen würden. Aber dass wir eine Lösung finden und wir beide unsere Kinder so sehr lieben würden und wir sie nie im Stich lassen werden. Da stand er nun, mein Kleiner, mit seinen großen fragenden Rehaugen. Ich wollte das ehrlich nicht! Aber ich habe es nicht mehr geschafft, mein Kind anzulügen. Seitdem nahm alles seinen Lauf. Was soll ich sagen, manches ist schlecht gelaufen, ja. Aber wer macht in solch einer Situation alles richtig? Und zu meinem Egoismus: Ja, man lebt nur einmal und jeder hat den Wunsch, glücklich zu sein, auch das Recht. Sven hat übrigens nur einmal im Gespräch nach seiner Rückkehr gesagt: «*Du machst einen Fehler*», und er würde den Kindern zuliebe nicht alles «*wegschmeißen*» und es weiter versuchen. Aber er wüsste auch nicht, ob er mich noch richtig lieben würde. Und wir hatten es schon ein paar Mal versucht, ohne Erfolg auf lange Sicht. Es war zu spät. Er hat es mir sehr einfach gemacht, zu gehen. Er hat nicht gekämpft.

In der Folgezeit habe ich dann auch so manche ungebetene Information erhalten, auf die ich gerne verzichtet hätte, die mich jedoch gleichzeitig darin bestätigt haben, dass ich alles richtiggemacht habe. Es ist sehr verletzend, im Nachhinein von anderen zu hören, was der eigene Mann so gemacht und gesagt hat zu Menschen, die ich gar nicht kannte. Er hat so eine Art Doppelleben geführt und das bereits über 8 Jahre lang. Aber da wird einem dann auch so einiges klar. Sein Verhalten beispielsweise. Das Handy, was plötzlich zum wichtigsten Gegenstand wurde und immer, wirklich immer, am Mann war. Außer in wenigen Momenten, als ich dann auch mal Nachrichten fand, die nicht für mich bestimmt waren. Seine Reaktionen darauf, seine plötzlichen langen Aufenthalte morgens im Bad, auch manchmal bevor er eigentlich zum Sport wollte, es wurde sehr aufs Äußere geachtet, es wurde sich deutlich mehr parfümiert, eine andere Musikrichtung gehört, Distanz zu mir - ach es gab so viele Zeichen! Im Nachhinein hat mich mein Bauchgefühl nicht getäuscht. Und es war nicht nur eine Frau. Eine mir bis dahin unbekannte Quelle ließ mich an diesem Leben nach der Trennung teilhaben. Ich kann nur vermuten, warum. Das Verhalten Sven mir gegenüber, die Art und Weise, wie er die Trennung anderen Menschen dargestellt hatte, kam ganz offensichtlich nicht bei allen Mitmenschen gut an. Das Ungerechte daran ist, dass Lisa davon natürlich nichts weiß. In ihren Augen bin nur ich die Böse. Manchmal hatte ich kurz daran gedacht, ihr das irgendwie zukommen zu lassen. Aber dann wäre ich nicht besser gewesen, und geglaubt hätte sie mir sowieso nicht, denn Sven hat frühzeitig dafür gesorgt, dass ich diejenige bin, der man nicht glauben kann.

Zeitnah nach der Trennung habe ich meine drei Kinder zum Essen ausgeführt und dabei versucht, ihnen die Situation zwischen mir und ihrem Papa zu erklären.
Und wieder einmal haben meine Kinder mich mit ihrer Reaktion überrascht. Fast schon verständnisvoll reagierten sie. Sie hätten ja auch mitbekommen, wie Papa und ich oft gestritten hatten und ich nicht mehr glücklich gewirkt habe.

Die nun folgende Zeit war rückblickend die Schlimmste. Unter einem Dach, aber bereits getrennt. Keiner wollte gehen, jeder kochte für sich, jeder schlief für sich. Das war auch für die Kinder kaum tragbar, diese Atmosphäre. Keiner wusste so recht, wer kümmert sich um was. Die Kinder wollten bei mir bleiben. Deshalb habe ich Sven nahegelegt, vorerst zu seinem Vater zu ziehen. Wo hätte ich auch mit drei Kindern und einem riesigen Hund so schnell hinsollen? Wir haben es noch geschafft, uns auf eine Anwältin zu einigen, die eine Trennungsfolgevereinbarung für uns ausarbeiten sollte. Die Anwältin verfasste für uns das Schriftstück, in dem Svens Auszug auf den Tag genau festgelegt wurde mit der Auflage, dass ich mir innerhalb von drei Monaten eine Wohnung suchen müsste. Andernfalls hätte Sven das Recht, wieder einzuziehen. Ich kann gar nicht sagen, wie erleichtert ich war, als er dann endlich auszog!

Das erste Treffen mit meinem neuen Freund erfolgte nach Wunsch und mit Einverständnis der Kinder. Gerade bei meiner kleinsten Tochter siegte die Neugier. Ich habe es nicht forciert oder die Kinder zu einem Treffen gedrängt. Es war gut, sie mochten ihn und er mochte sie. Das war wirklich von Anfang an das geringste Problem. Auch Lisa baute Vertrauen zu ihm auf. Sprach mit ihm auch über ihre Gedanken. Die Kinder und ich besuchten meinen Freund übers Wochenende ein paarmal. Lisa sagte zu mir, dass sie sich eine Trennung eigentlich schlimmer vorgestellt hätte. Für sie sei einfach nur wichtig, Papa oft genug zu sehen. Es folgten ein paar Wochen in Ungewissheit. Wie lange wohnen wir noch im Haus, wo ziehen wir hin. Finde ich auf die Schnelle eine Wohnung im Umkreis, die für uns alle passend ist. Es ist mir gelungen! Es fiel mir leichter als gedacht, das gemeinsam erbaute Haus zu verlassen. Das hätte ich vorher nie gedacht. Ich liebte unser Haus. Den wunderschönen Garten, der in den 10 Jahren nach dem Bau in jedem Jahr weitergewachsen ist. Es war ganz viel Persönliches mit diesem Haus verbunden. Aber es war einfach nicht mehr mein Leben. Und man fühlt sich dort wohl, wo man geliebt wird, Rosenbüsche hin oder her.

Die Kinder waren zufrieden. Soweit man das beurteilen kann. Ich habe versucht, regelmäßig Kontakt zu Sven herzustellen. Da er bei seinem Vater vorübergehend wohnte, durften die Kinder dort nicht mit hin. Er meinte, es sei nicht kindgerecht und viel zu klein. Sein Vater wohnte seit dem Tod seiner Frau allein im Haus. Die Beziehung der Kinder zu ihrem Opa würde ich als intakt bezeichnen. Ich habe das nicht weiter hinterfragt und stattdessen dann meine Wohnung zur Verfügung gestellt. An diesen Wochenenden bin ich dann immer ausgezogen. Das habe ich in erster Linie für meine Kinder und eben auch für Sven getan. Damit er die Möglichkeit hatte, mit seinen Kindern länger als nur einen Nachmittag in der Eisdiele oder sonst wo zu verbringen. Als Selbstverständlichkeit empfand ich es nicht. Es war meine Wohnung. Meine Privatsphäre. Aber so halbwegs lief es. Lisa war zu dem Zeitpunkt 13 Jahre alt. Wir hatten immer eine sehr enge Bindung. Ich würde sagen, bis dahin war sie ein Mama-Kind. Sie war immer schon sehr sensibel, ein Gefühlsmensch. Aber auch mit Ängsten, die wir immer gemeinsam, teils mit psychologischer Hilfe, besiegt haben. Verlustängste zum Beispiel. Sie hatte Angst, dass mir oder Papa etwas passieren könnte. Ich kann mich erinnern, solche Ängste auch eine Zeitlang in meiner Kindheit gehabt zu haben. Die kamen nachdem der Vater meiner besten Freundin ganz plötzlich nachts mit nur 45 Jahren an einem Herzinfarkt verstorben war. So ein Ereignis kannte Lisa zum Glück nicht. Aber vielleicht habe ich ihr diese Angst mit den Genen weitergegeben. Wer weiß das schon. Ich genoss es sehr, mit ihr immer eine so offene und vertraute Beziehung zu haben. Wir konnten wirklich über alles sprechen, und sie vertraute sich mir auch regelmäßig an.

Das änderte sich schlagartig, als sie das erste Mal bei ihrem Vater und seiner neuen Partnerin zu Besuch war. Sven ist relativ schnell bei Diana eingezogen und hatte die Kinder vor vollendete Tatsachen gestellt. Es hieß, er hätte jetzt eine Wohnung. Dass er in eine Familie mit 2 Kindern gezogen ist, erwähnte er dabei nicht. Sie kamen nach den ersten Besuchen dort immer mit vielen Kleinigkeiten wie Nagellacken, Klamotten, Schuhen, Schmuck und Ähnlichem zurück. Natürlich war das für die Kinder dann ganz toll. Auch wenn das ausrangierte, keine neuen Sachen waren, die Geste überzeugte. Aber musste das sofort beim ersten Kennenlernen sein? Ich hatte den Eindruck, es beginnt ein Wettkampf um die Kinder. Und ich lag weit zurück, denn mein neuer Freund war in Bezug auf die Kinder sehr zurückhaltend. Zwar half er, wo immer es ein Mann und Vater besser tat als eine Mutter, aber er erkaufte sich nicht die Freundschaft der Kinder. Er selbst steckte mittendrin in einer Trennung mit zwei eigenen Kindern und war auch deshalb sensibilisiert.

Ab diesem Zeitpunkt trat die Veränderung bei meinen Kindern ein. Die Kinder waren dann das erste Mal ein ganzes Wochenende dort. Meine Mädchen kamen wie ausgewechselt wieder, alles drehte sich plötzlich um die neue Frau in Svens Leben und wie schön dort alles sei. Ich war zu diesem Zeitpunkt alleinerziehende Mutter dreier Kinder in einer gemieteten Wohnung. Bis dahin war für Lisa scheinbar alles in Ordnung. Aber ab diesem

Zeitpunkt fand sie plötzlich alles doof, was mich und unseren Alltag betraf. Das war sehr schwierig für mich. Ich fühlte mich aussortiert. Und obwohl ich wusste, dass Lisa mitten in ihrer Pubertät steckte, sah ich den Grund ihrer Veränderung bei Svens neuer Partnerin. Ich versuchte, es so schön und so bequem wie irgendwie möglich zu machen. Eine teure Wohnung bewohnten wir, die ich mir nur leisten konnte, weil ich zu diesem Zeitpunkt noch Trennungsunterhalt bekommen habe. Aber ich wollte den Kindern nach unserem Auszug aus einem schönen Eigenheim auch jetzt noch ein angenehmes Umfeld bieten. Diese Zeit war sehr schwierig. Ich merkte, wie sie mir entglitt. War das normal? Ich habe bestimmt auch viel falsch gemacht. Sie erwähnte einmal, dass sie eifersüchtig auf meinen Freund sei. Sie hatte mich bis dahin ja immer für sich alleine gehabt. Sie kannte es von mir und Papa ja auch gar nicht: Dass man auch mal Zeit für sich brauchte, knuddelte und sich küsste. Ich versuchte ihr immer wieder zu erklären, dass das was Anderes sei. Keine Liebe zu einem Mann ist vergleichbar mit der zu seinem eigenen Kind. Aber ich brauchte meinen Freund in dieser Zeit auch ganz dringend. Ich konnte es wahrscheinlich keinem so richtig recht machen. Aber sie schlief noch in dieser Zeit gerne bei mir. Mein Freund und ich sahen uns aufgrund der Entfernung nur an den Wochenenden. Ich habe in keiner Sekunde daran gedacht, dass sie ausziehen würde. Hätte ich da vielleicht doch anders reagiert? Noch einfühlsamer? Irgendwie? Vielleicht hätte ich ihr Verhalten da doch noch beeinflussen können? Was wäre wenn gewesen? Immer öfter kam von ihr «*vielleicht zieh ich ja doch zu Papa*». Ich habe es nicht so ernst genommen. Weil sich das niemand vorstellen konnte, einfach keiner von all den

Menschen, die wir kannten und die oft mit uns zusammen waren. Wir waren halt immer so vertraut miteinander, ein scheinbar echtes Team. Ich habe ihr immer wieder gesagt, wie sehr ich sie liebe und dass wir alles hinbekommen. Ich habe erst gedacht, dass sie so entscheidet, weil ich mit dem Gedanken gespielt hatte, zu meinem Freund zu ziehen, mehr als 200 km entfernt. Für beide Optionen, meinen gedanklich ins Auge gefassten erneuten Umzug oder ihr Umzug zu Sven – die Schule würde sie so oder so wechseln müssen. Ich habe Lisa daraufhin dann aber versprochen, dort wohnen zu bleiben, bis sie ihre Schule beendet hätte, und dann erst würden wir weitersehen. Sie war ja schon in der 8. Klasse, kurz vor den Ferien.

Aber es war bereits zu spät. Ihre Entscheidung war gefallen. Das schlimmste Ereignis in meinem Leben stand mir bevor: Sie war ein paar Tage länger bei Sven geblieben als verabredet. Ihre Geschwister waren schon wieder bei mir. Die Pfingstferien 2018 standen vor der Tür. Sie sollte am Sonntagabend wiederkommen. Es wurde Abend, und ich wurde schon unruhig. Am nächsten Tag war ja auch wieder Schule. Sie rief dann an:

«Mama, ich muss dir was sagen. Ich komme nicht wieder. Ich habe mich entschieden, bei Papa zu bleiben. Papa lässt mich ab morgen krankschreiben. Ich muss die nächsten Wochen bis zu den Ferien nicht mehr zur Schule. Und dann steht ja eh der Schulwechsel an. Wir holen morgen Vormittag meine Sachen»

Punkt. Das war's. Kaum einer kann sich diesen Schmerz vorstellen. Kein normales Diskutieren, Darüberreden, Abwägen, nein, nichts dergleichen. Ich konnte lange nicht beschreiben, wie ich mich in dieser Situation gefühlt habe. Eine vergleichbare Erfahrung hatte ich bis dato noch nicht gemacht. Es ging mir sehr schlecht. Ich habe ihr doch nichts getan, also körperlich, dachte ich. Aber in ihren Augen habe ich uns als Familie zerstört. Am nächsten Tag kam sie. Sie schaute nur an mir vorbei, packte ihre Sachen, kein Ton, kein Gefühl! Ich half ihr sogar beim Packen. Ich stellte die Koffer mit ihr vor die Tür. Sven stand draußen! Kein Ton, kein Blick, kein Wort! Keine Absprache! Er hat sie mir quasi gestohlen. Ich hätte das nicht zulassen dürfen, habe ich mir später oft vorgehalten. Ich hätte zumindest auf ein Gespräch mit ihm, ihr, dem Jugendamt bestehen müssen! Aber ich war zu überrumpelt. Mein Herz zerriss an diesem Tag. Sie hatte kein Wort mehr für mich übrig. Obwohl sie kurz vorher noch mit mir im Bett gekuschelt hatte! Wie kann das gehen? Ich verstehe das bis heute nicht. Sie ist regelrecht vor mir geflüchtet! Es gab keinen Streit vorher, keine Situation, die das erklären könnte. Sven hätte das mit mir absprechen können, er hätte es müssen! Er hätte auch meiner Tochter zureden müssen, nichts zu überstürzen. Wir hätten darüber geredet, hätten eine Lösung gefunden. Die drei Wochen Schule bis zu den Ferien hätte sie noch abschließen und dann die Sommerferien bei Sven verbringen können. Danach hätten wir gemeinsam eine vernünftige, wenn auch für einen Elternteil nachteilige Lösung gefunden. Jedoch war das so nicht in Ordnung! Am gleichen Abend kam von Sven noch die Aufforderung, ihm umgehend das Kindergeld und ab sofort den Unterhalt zu überweisen sowie die Bankverbindungen von ihrem Girokonto herauszugeben. Überhaupt kein Taktgefühl! Spätestens jetzt kam ich mir vor, wie die Letztplatzierte im Wettstreit um unsere Kinder. Ein Albtraum! Die darauffolgenden Wochen und Monate hatten Lisa und ich noch regelmäßig schriftlichen Handykontakt. Aber es folgten keine persönlichen Besuche mehr. Aber im Juni 2018 hatte sie auch noch vor, mit uns in die Sommerferien zu fahren.

Die erste Kontroverse zwischen uns erfolgte dann im Juli 2018.Es hatte mich die Mutter von einer alten Schulfreundin meiner Tochter kontaktiert. Ich war sehr traurig darüber, dass meine Tochter anderen gegenüber Dinge erzählt hatte, die so gar nicht passiert waren. Daraufhin schrieb ich meiner Tochter:

«Lieber Schatz. Habe lange mit Manuela gesprochen. Es hat mich verletzt, wie du Dinge anderen gegenüber darstellst, die gar nicht so waren. Hoffe, dass es nicht mehr vorkommt. Das tut mir auch sehr weh. Ich habe dich lieb und freue mich dich bald zu sehen. Ohne Vorwürfe. Vielleicht fangen wir auch Neu an und lassen die Vergangenheit ruhen. Kuss Mama»

Ihre Antwort war, dass sie es sehr traurig fände, dass ich mit anderen Leuten über unsere Situation sprechen würde. Ich wüsste ja gar nicht, wie sehr ich sie mit meinen Aktionen und Verhalten verletzt hätte. Ich hätte immer schlecht über Papa und seine neue Partnerin gesprochen, wäre eifersüchtig und neidisch, würde lauschen, wenn sie telefonieren würde, würde verbieten, dass die Kinder den Namen der neuen Partnerin in den Mund nehmen, hätte nur an mich gedacht! Viele Vorwürfe, was mich betraf. Aber auch vielleicht ein Hilferuf von ihr, wie sehr sie das alles belastet hat.

Ich habe Dinge die so waren und ich nachvollziehen kann, auch nie in Frage gestellt. Von Anfang an hatten wir verschiedene Wahrnehmungen, und alles, was ich erklären wollte, wurde missverstanden. Ich war zum Beispiel nie eifersüchtig, im Gegenteil, ich war froh, dass Sven eine neue Partnerin gefunden hatte. Ich war sauer und gekränkt. Ja, aber nur, wie diese Aktion mit meiner Tochter gelaufen ist, dass die Kinder überschüttet wurden mit Geschenken! Ich hörte zu Hause plötzlich nur noch, *«Diana macht das aber so,*

Diana hat aber das gemeint» und so weiter. Und plötzlich, obwohl wir bis Dato nie Geheimnisse voreinander hatten, telefonierte sie heimlich und leise flüsternd in ihrem Zimmer mit Diana und Papa. Sie sprach mich kaum noch an, nahm mich nicht wahr. Ja, ich gebe zu, ich habe einmal an der Tür gestanden und gelauscht, und ja, ich habe einmal im Frust gesagt *«Ich kann diesen Namen jetzt nicht mehr hören».* Aber bin ich nicht auch nur ein Mensch mit Gefühlen? Darf ich nicht auch einmal falsch reagieren? Diese völlig neue und unbekannte Situation war sehr schmerzlich, denn ich wusste, ich verliere meine große Tochter und vielleicht auch die beiden Geschwisterkinder. Ich war überfordert mit der Situation. Ich trug Schuld daran, dieser Ehe ein Ende gesetzt zu haben, nicht jedoch daran, dass sie gescheitert war. Und gleichzeitig war ich mir mit meinem neuen Partner so sicher. Trotzdem hatte ich meine heile Welt auch verloren. Und auf einmal eine solche Missachtung von der eigenen Tochter zu spüren, das musste ich auch erst einmal verkraften. Gerade weil ich das nicht kannte. Sie hat mir vorgehalten, ich würde nur an das Geld denken, warum ich nicht im Haus geblieben wäre mit den Kindern. Auch das wurde falsch verstanden. Ich hatte mir alles ausgerechnet. Hatte Sven gebeten, die Kredite weiter zu zahlen, statt Unterhalt, damit ich dort erst einmal würde bleiben können. Er lehnte ab. Und alleine hätte ich das nicht geschafft. Wie gesagt war es nicht einfach, in der Nähe eine passende Wohnung zu finden, und jeder sollte sein eigenes Zimmer bekommen. Das war natürlich teuer. Ja und es stimmt, dass ich mir die Wohnung nur wegen Kindergeld und Unterhalt hab leisten können. Aber doch nur deswegen! Kann man das nicht auch verstehen? Dass eine Mutter Angst hat, nicht allen gerecht werden zu können und in Schulden zu geraten? Es stimmt auch, dass ich zu meiner Tochter gesagt habe, dass, wenn sie zu Papa zieht, ich einiges weniger an Geld bekäme und ich dann notgedrungen aus dieser großen Wohnung wieder ausziehen müsste. Das war wohl ein Fehler, weil sich damit der Gedanke bei ihr so festgesetzt hatte, es ginge hier nur ums Geld. «Mama denkt nur an das Geld, die Kinder sind kein Thema!» Ich hätte das für mich behalten sollen. Hinterher ist man schlauer. Aber es waren eben auch existenzielle Sorgen, nein Ängste und an diesen habe ich nur allzu oft auch die Kinder teilhaben lassen. Aber nicht, um sie an mich zu binden, sondern doch um mich offen mitzuteilen.

Zu dieser Auseinandersetzung sagte ich ihr nur, dass ich mich nicht bewusst eingemischt hätte. Manuela sprach *mich* an, hatte Kontakt zu *mir* gesucht, nicht anders herum. Wir schrieben noch ein wenig hin und her, und ich schrieb, wie sehr ich sie lieb hätte, und dass ich mich wirklich freue, wenn es ihr gut geht. Sie antwortete, dass sie mich auch sehr lieb habe, auch wenn sie jetzt bei Papa wohnen würde. Das hat mich riesig gefreut!

Es vergingen wieder ein paar Wochen mit nur kurzen Handynachrichten. Nachdem sie ausgezogen war, konnte ich diese Wohnung wirklich nicht mehr halten. Ich hatte viele Gespräche mit meinen beiden jüngeren Kindern. Sie waren einverstanden, im August 2018 mit mir zu meinem Freund zu ziehen. Meine kleine Tochter hatte ohnehin einen Schulwechsel vor sich, und für meinen Sohn war es die richtige Entscheidung, mit dem erneuten Umzug vom Gymnasium auf eine Gesamtschule zu wechseln. Er war auf dem Gymnasium ein durchschnittlich guter Schüler. Und jetzt ist er mit Leichtigkeit ein guter Schüler. Das Schulsystem dieser Schule sagt uns und vor allem meinem Sohn sehr zu. Die Kinder haben sich gut eingelebt, sie fühlen sich wohl, haben neue Freunde gefunden und Hobbies. Lisa entschied sich dann plötzlich, doch nicht mit uns in den Urlaub zu fahren. Sie würde uns das erste Mal lieber in unserer neuen Heimat besuchen wollen. Wir fanden es schade, hatten aber Verständnis. Nur leider wurde aus den Besuchen nichts. Anfang August hatte ich Geburtstag, und ich hatte in meiner Heimat bei meinen Eltern eine Abschiedsparty mit meinen Freunden organisiert. Lisa wurde von Sven gebracht. Sie wirkte sehr scheu, zurückhaltend und fremd. Sie wahrte eine gewisse Distanz zu allen. Irgendwie schon nicht mehr so, wie ich sie kannte. Sie blieb auch nicht lange. Am nächsten Tag flog Lisa mit ihrer anderen Familie drei Wochen in den Urlaub. Ich schrieb ihr ab und an, ob sie gut angekommen sei, ob es ihr gut ginge und so weiter. Sie schickte ein paar Bilder. Als sie wieder zu Hause waren, wünschte ich ihr einen guten Schulstart nach den Sommerferien und bot ihr an, uns am Wochenende bei ihrer Oma zu besuchen. Mein Bruder wollte auch kommen. Lisa würde ihre Cousine und Cousin sehen. Sie haben sich zusammen immer gut verstanden. Nur leider auch selten gesehen, da mein Bruder mit seiner Familie auch nicht um die Ecke wohnte. Sie meinte, sie würde es sich überlegen. Sie meldete sich nicht mehr. Nach diesem Wochenende entschuldigte sie sich. Sie hätte es vergessen, beziehungsweise sie hatte gedacht, es sei ein anderes Wochenende gewesen. Die Nachrichten wurden immer knapper und unpersönlicher.

Am 11 September erwiderte ich auf eine knappe Nachricht von ihr:

«Wenn du so kurz ab antwortest, dann fühle ich mich noch schlechter. Du fehlst mir, und deine Kälte macht es nicht besser. Was habe ich dir getan? Es war nicht einfach zuletzt und unser Neuanfang nicht perfekt, aber irgendwann sollten wir beide doch eine Basis finden, wieder halbwegs normal miteinander umzugehen? Ich war und bin nicht böse oder sonst etwas wegen deiner Entscheidung. Ich freue mich, wenn es dir gut geht. Aber ich freue mich noch mehr, wenn wir uns etwas füreinander interessieren und auch etwas Zeit miteinander verbringen würden. Wenigstens ein ganz bisschen. Vielleicht kannst du ja mal über deinen Schatten springen und dir einen Ruck geben. Hab dich lieb. Mama»

Ihre Antwort darauf war:

«Es wäre schön, wenn du mir einmal keine Vorwürfe machen würdest. Merkst du eigentlich, was du mit deiner Art auslöst? Du hast auch nicht böse zu sein. Du hast die Trennung ausgelöst und uns eine Menge zugemutet. Du hast in erster Linie nur an dich gedacht. Ich würde mir wünschen, dass ich und meine Geschwister im Vordergrund stehen und nicht du. Ich möchte euch auch sehen, habe aber im Moment noch nicht das Vertrauen, weil du dich so verhältst. Du hättest uns nie mit reinziehen sollen und die Schuld bei anderen suchen dürfen. Zeige mir, dass es um mich geht, nicht um dich. Spring endlich über deinen Schatten und hör endlich mit den Vorhaltungen auf»

Ich war auf die Reaktion von ihr, nach meiner doch sehr kurzen und, wie ich empfand, nicht schlimmen Nachricht, echt geschockt. Da hatte ich das erste Mal den Gedanken, ob sie das überhaupt selber geschrieben hat? Diese Wortwahl und komplett fehlerfrei, per Kurznachricht und aus dem Kontext gerissen, keine Antwort auf meine Nachricht. Ich musste das erst einmal verdauen. Habe mich so angegriffen und zu Unrecht so dermaßen beschuldigt gefühlt. Ich hatte beschlossen, darauf keine Antwort zu geben. Auch da hatte ich schon das Gefühl, dass es nichts bringt. Nach ihrer Ansicht, wäre alles nur von mir ein Herausreden. Ich schrieb ihr ein paar Tage später einfach ganz normal über den Alltag, meine neue Arbeit, fragte, wie es ihr geht, was sie macht. In diesen Wochen zog sie sich auch immer mehr von ihren alten Freunden und Großeltern zurück. Sie hatte viele Freunde. Im Freundeskreis von uns Eltern herrschte eine große Verbundenheit, auch mit deren Kindern, und wir waren untereinander auch Paten. Meine beste Freundin ist ihre Patentante. Sie zog sich überall zurück! Das Komische war, Sven hat es ihr ja so vorgemacht! Er hat mit allen Freunden, die neutral zu der Situation standen, die gesagt haben «es gehören immer zwei Menschen dazu, wir sind immer für euch beide da», mit allen hat er gebrochen. Und Lisa tat es ihm gleich.

Am 2. Oktober schrieb ich ihr:

«*Guten Morgen, sag mal könntest du dir vorstellen, mal mit mir allein einen Mädelstag zu machen? Kino, essen, shoppen oder was du magst? Wünsche dir einen schönen Tag, Mama*»

Darauf schrieb sie, dass sie sich das irgendwann einmal vorstellen könne. Aber dann gleich wieder:

«*Mama es wäre schön, wenn wir mal über die Dinge sprechen, die du gemacht hast*»

Was genau habe ich jetzt schon wieder getan? Ich habe immer Gespräche angeboten, die immer abgelehnt wurden. Aber ich habe mich geweigert, über solche Medien uns auseinanderzusetzen, weil man sich bei solch schwierigen Thema häufig falsch versteht. Jeder interpretiert das Geschriebene für sich. Körpersprache, Emotionen, Gefühlsausbrüche, Einfühlungsvermögen finden nun mal nicht per WhatsApp statt. Für sie sei es wichtig, ihre Geschwister regelmäßig zu sehen, und dass Besuche an feststehenden Feiertagen im Wechsel stattfinden sollten. Das stellte ich nie in Frage. Natürlich war das auch mein Ziel. Ich habe ihr daraufhin geantwortet, dass es am besten sei, mich mal anzurufen, wenn ihr etwas unklar sein sollte. Ich meinte dann noch zu ihr, dass es keine Einflussnahme oder Diskussion darüber gäbe, es lediglich um organisatorische Absprachen ginge, da wir nun mal weit entfernt und in einem anderen Bundesland wohnen. Aber die Ferien überlappen fast immer, sodass man oft gemeinsame Wochen, Tage findet. Sie hat natürlich nie angerufen. Vorschläge kamen immer von mir. Wir hatten es eingerichtet, ein bis zwei Mal im Monat dann in die alte Heimat zu kommen, um Freunde, und Großeltern zu sehen und natürlich auch, damit die Kinder Sven sehen können. Wir haben anfangs die Kinder sogar zu ihm nach Hause gebracht, obwohl das für uns noch einmal eine Autostunde länger war.

Als ich die ersten Male meine Kinder dorthin gebracht habe, noch bevor meine Große sich fest entschieden hatte dorthin zu ziehen, sind sie mit ihren Taschen alleine zur Haustür gegangen. Das fand ich so schrecklich und wollte das so nicht. Ich wollte die Person, die jetzt auch zum Leben meiner Kinder gehörte, persönlich kennenlernen. Beim nächsten Mal bin ich einfach mit zur Tür gekommen. Die neue Partnerin machte auf und war sichtlich erstaunt. Damit hätte sie nicht gerechnet. Ich stellte mich vor und wünschte ein schönes Wochenende. Ich war erleichtert und fand es gut. Auch für die Kinder. Aber als die Kinder wieder bei mir waren, erzählten sie mir, dass sie gehört hätten, wie Diana und meine Lisa über mich gelästert hätten. Ich wäre so «scheinheilig», ich würde nur nett tun, weil mir der «Arsch auf Grundeis» gehen würde und ich Angst hätte, meine große Tochter zu verlieren. Man sagte mir nach, ich wäre nur «geldgeil», würde nur deswegen wollen, dass die Kinder bei mir blieben. Unfassbar, ich war entsetzt! Das haben meine Kleinen mir berichtet und fanden das selbst ganz schlimm, wie über ihre Mama gesprochen wurde. So etwas hatten die Kleinen bis dahin nie erlebt. Und ich erst! Weil ich es echt gut gemeint hatte. Und so was erzählt diese Frau im Beisein meiner Kinder? Und dabei kannte sie mich noch nicht einmal? Zumindest nicht persönlich, aus Svens Erzählungen sicherlich. Jedoch ist das ja bekanntlich nur eine Seite der Medaille und nun hätte sie die Chance gehabt, die andere Seite kennenzulernen. Vertan! Ich habe dann lieber vermieden, noch einmal persönlich dort aufzutreten. So wie Sven auch, haben wir die Kinder dann wie Postpakete abgegeben. Genauso, wie man es nicht machen sollte! Wenn wir Lisas Geschwister zu Sven gebracht haben, kam sie manchmal an den Gartenzaun, um sie zu begrüßen. Sie umarmte mich da, wenn überhaupt, nur noch kurz und flüchtig. Ich spürte langsam immer mehr Entfremdung. Es schmerzte jedes Mal. Ich hätte sie so gern gedrückt und mit ihr etwas mehr gesprochen. Es hat mich immer so traurig gemacht.

Ende November fragte ich sie, ob sie Lust hätte, uns nach Weihnachten eventuell zu besuchen. Sie war ja immer noch kein einziges Mal bei uns gewesen. Ich hätte sie abgeholt und wieder heimgebracht. Ohne Stress und ohne über Probleme sprechen zu müssen. Am 9. Dezember kam ihre Antwort. Sie wüsste es noch nicht. Aber im Frühjahr auf jeden Fall. Wieder bestärkte ich sie, dass wir uns alle riesig freuen würden. Ein paar Tage später schrieb sie mir, dass sie nach Weihnachten aber für ein oder zwei Nächte bei Oma sein würde. Da habe ich mich riesig gefreut. Ich schrieb ihr, wie lieb ich sie hätte. Und sie antwortete: «*Ja IDA*» Wie schön das für mich war! Sie war dann am zweiten Weihnachtsfeiertag bei Oma. Und wir kamen auch. Meine Brüder, meine Nichte und Neffe, allen waren gekommen! Es war wie früher. Mein Herz ging auf. Das war wieder meine Tochter! Sie war so verändert, herzlich und anhänglich. Als ob nie was gewesen wäre, das Gegenteil von dem, was ich aus ihren Textnachrichten heraus von ihr angenommen hatte. Ich genoss jede Sekunde mit ihr. Wir mussten dann wegen der Arbeit wieder los in unsere neue Heimat. Aber sie entschied sich, Silvester bei uns zu verbringen. Meine beste Freundin und ihre Patentante mit Familie wollten auch bei uns feiern. Wir besprachen, dass meine Freundin sie dann auf einem Weg mit zu uns nehmen sollte. Ich konnte es kaum glauben vor Freude! Am 27.12 schrieb sie mir, wie es uns so ginge und Herzchen Emoji. Ich antwortete ihr, dass es uns gut ginge und wir uns alle auf sie freuen würden, ich sie vermissen würde und wir Silvester dann schön feiern würden. Sie würde sich auch riesig freuen, und wir müssten dann unbedingt eine Haustour machen, ich ihr alles zeigen, ja sie würde sich richtig freuen, schrieb sie ein 2tes mal. Sie schrieb noch öfter in der Zeit. Sie interessierte sich für uns! Dann kam sie. Es war so ein komisches Gefühl. Ganz langsam und zart näherten wir uns an. Ich zeigte ihr hier alles. Ich ließ ihr frei Raum, sie kam auf mich zu. Suchte Körperkontakt. Mein Baby war wieder da, meine Erstgeborene, mein Engel! Meine Freundin und ich schlugen vor, einen Spaziergang zu machen. Ich merkte, dass ihr etwas auf dem Herzen lag. Sie suchte ein Gespräch.

Und dann sprudelte es nur so aus ihr heraus! Ich erinnere mich, wie sprachlos meine Freundin und ich darüber waren. Wir waren im Nachhinein so froh, dass wir beide das Gleiche gehört hatten. Meiner Tochter ging es nicht gut. Mein Gefühl hatte mich nicht getäuscht. Wie oft hatte ich sie gefragt, wie es ihr ginge, immer hat sie geantwortet: super Mama! Mir geht es bestens. Seitdem weiß ich, dass man dem nicht immer glauben schenken darf. Sie beschrieb Situationen von zu Hause, wie unwohl sie sich fühlte. Ein bisschen wie das moderne Aschenputtel. Es ging auch fast immer nur um die neue Partnerin, und dass Papa alles täte, was sie will, sehr strenge Erziehungsmaßnahmen, sie fühlte sich auch vorgeführt von ihr, wurde nachgeäfft ..., fühlte sich ungeliebt. Ich denke, dass von beiden Seiten Eifersucht mit im Spiel war. Diana musste Papa plötzlich im Alltag teilen, hatte nicht mehr die alleinige Aufmerksamkeit von ihm. Und Lisa war bestimmt auch eifersüchtig auf Diana. So, wie sie es auf meinen neuen Partner war. Sie musste Papa jetzt ja nun auch teilen. Die Dinge, die sie erzählte, waren sehr bedrückend.

Sie genoss die Zeit bei uns. Man sah, fühlte wie sie sich entspannte. Sie erwähnte oft, wie schön es bei uns sei. Wie in einer richtigen Familie! Das würde sie so nicht kennen. Die Erwachsenen stritten oft. Die Kinder dürften ab einem gewissen Zeitpunkt nicht mehr ins Wohnzimmer usw. Sie nahm mich oft in den Arm. Sagte, wie sehr sie das vermisst hätte, und wie sehr sie mich liebt. Ich war hin und her gerissen mit meinen Gefühlen. Freude, aber auch Sorge. Sorge um mein Kind. Sie öffnete sich auch meinem Freund gegenüber. Sie konnte immer schon gut mit ihm reden. Sie bat ihn sogar um Hilfe, einen Text für ihren Papa zu schreiben. Der war nicht erfreut darüber, dass sie bei uns war. Sie erzählte es ihm erst, als sie schon hier war. Er dachte, sie wäre noch bei meinen Eltern. Er ließ seinen Unmut darüber ihr gegenüber aber spüren und sie hatte Angst. Sie bat meinen Freund, den Text zu formulieren. Das war und ist immer noch für mich der Beweis dafür, dass ganz viel von dem, was mich auf verschiedenen Medien erreicht hatte, auch nicht von ihr selbst verfasst und alleine formuliert war. Sie weinte, saß im Kinderzimmer von ihrer kleinen Schwester. Sah mich an, und sagte: Mama ich weiß nicht mehr weiter, das ist doch kein Leben, ich will so nicht leben. Der Magen drehte sich mir um! Dieser Schmerz! Mein Kind. Dass mein Kind so etwas äußerte. Ich tröstete sie, nahm sie in den Arm. Ich sagte ihr immer wieder: Wir finden eine Lösung! Wir rieten ihr erst einmal, nichts zu überstürzen. Dass sie natürlich jederzeit zu uns kommen könne. Aber sie war ja selber hin und her gerissen. Sie wollte zu dem Zeitpunkt eigentlich zu uns. In diesem Moment.

Aber wollte auch nicht wieder die Schule, ihr Umfeld wechseln. Wir versuchten, sie zu motivieren, mit ihrem Papa über ihre Gefühle zu sprechen. Der wusste von nichts. Meine Tochter hatte Angst davor, und sagte immer wieder, dass Papa eh alles macht, was Diana will. Letztendlich schrieb sie ihm einen Brief, wollte diesen Brief dann abgeben. In diesem Brief schrieb sie über ihre Ängste und Nöte. Sie bat Papa um Verständnis und ein offenes Ohr. Die letzten Stunden mit ihr hier waren gezählt. Ihre Angst wuchs. Sie war so unsicher. Eingeschüchtert! Gar nicht mehr sie selber. Angst vor dem Nachhausekommen. Weil Papa ja nun nicht froh über die Situation war, dass seine Tochter, ohne zu fragen, zu ihrer Mutter gefahren ist. Das sie eingeschüchtert war, das war mir bei vielen Dingen hier an diesem Wochenende aufgefallen. Sie bedankte sich ständig. Egal, was war. Ich habe dann schon gesagt: Schluss jetzt, du musst dich nicht bedanken für Kleinigkeiten, die selbstverständlich sind. Meine Freundin brachte Lisa dann wieder zu meiner Mutter, und meine Mutter wollte sie am nächsten Tag wieder zu ihrem Vater bringen. Lisa und ich verblieben mit ganz vielen Terminen für weitere Treffen. Hatten mehrere Termine ausgemacht, damit wir uns jetzt wieder öfter sehen würden. Und sie wollte erst mal abwarten. Den Brief abgeben, mit Papa sprechen.

Den Brief hat sie nie abgegeben.

Meine Mutter erzählte, dass sie im Auto auf dem Weg nach Hause gezittert hätte.

DIE ENTTÄUSCHUNG

Sie schrieb mir nach dem Wochenende:

«Gute Nacht Mama, war so schön bei euch. Hoffentlich bis in 2 Wochen. Habe dich ganz doll lieb, und Tobias auch. Liebe Grüße an alle».

Und dass sie uns vermisst. Wir hatten ihr heimlich ein kleines Nothandy mit unseren, Omas und der Nummer von ihrer Patentante besorgt. Sie hatte nämlich in der Zeit wochenlang Handy Verbot. Das erschwerte uns auch jeglichen Kontakt. Aber sie fühlte sich damit nicht wohl. Sie hatte Panik, dass es auffliegt. Sie durfte eine Zeitlang gar nichts. Auch keine CD hören zum Einschlafen. In der Zeit schrieb sie viel. Sie rief auch an. Dass sie mich vermissen, mich so lieben würde. Dass sie im Moment am liebsten zu uns oder zu Oma ziehen würde. Aber immer heimlich! Sie erzählte mir auch, dass Papa lauscht, wenn sie mich anruft. Sie nicht ungestört sprechen könne. Das erinnerte mich sofort an die Zeit, als sie noch bei mir wohnte, und sie mir dasselbe vorgeworfen hatte. Am liebsten hätte ich ihr das nun erwidert – ich habe es mir verkniffen! Sven hatte ja nun auch Angst, seinen Einfluss wieder zu verlieren. In dieser Zeit erfuhr ich von ihr auch, dass das Jugendamt schon einmal dort gewesen war! Und dass der tolle Urlaub angeblich doch gar nicht so toll gewesen war. Lisa sei sich total überflüssig vorgekommen, und Diana hätte sie das spüren lassen. Das Jugendamt war da. Achso? Und die eigene Mama weiß von nichts? Nicht einmal vom Jugendamt selbst? Ich sagte ihr, dass sie mit der Frau vom Amt bestimmt auch über alles reden könne. Das wollte Lisa aber nicht. Sie hatte Angst, dass diese dann den Inhalt der Unterredung an Sven und Diana weiterleiten würde. Kurze Zeit später, nachdem sie wieder daheim war, schrieb sie mir über ein Gespräch, welches sie mit Papa geführt hatte. Er fragte, ob sie jetzt zu uns ziehen wolle. Er gab zu, dass seine neue Partnerin ja nicht immer einfach sei, aber Lisa selber ja nun auch schuld an der Situation sei. Und meine Tochter schrieb mir dazu weiter:

«Ja, ich war bestimmt auch mit schuld. Ich habe auch bei Diana und Sven an der Tür gelauscht und das war auch einmal ein Streitthema, wo Diana dann ausgerastet ist»

Aber ganz ehrlich, genau wie wir Erwachsenen, darf das ein Kind in dieser Situation oder generell nicht mal machen? Er sagte auch zu Lisa, dass sie mal überlegen sollte, was er und Diana die ganzen Monate für sie getan hätten und dass, wenn sie jetzt geht, sie auch nicht wiederkommen könne. Daraufhin schrieb sie mir, dass sie sich jetzt nicht mehr trauen würde, den Brief an Papa abzugeben. Dass sie zwar nicht glücklich dort sei, aber auch nicht wüsste, was die richtige Entscheidung sein könnte. Aber sie würde uns vermissen, dieses Zusammensein und unseren Umgang miteinander. Wie eine Familie! Was sie dort nicht hätte. Er fragte sie auch, warum sie plötzlich mehr Kontakt zu uns wollte. Warum mehr Kontakt zur eigenen Mutter? Was soll diese Frage oder besser, was für eine Absicht steckt dahinter? Ob sie jetzt jedes zweite Wochenende zu uns wolle. Dass er sie nicht immer bringen könnte und dass die Schule wichtiger sei. Sven konnte nicht wissen, dass Lisa in dieser Zeit sich mit allem offenbart hatte und jede Info ungefiltert weitergegeben hatte. Heute ist das mein wichtigster Hinweis für die Manipulation meiner Tochter. Er hat ihr nicht nur ausgeredet, mit mir Kontakt zu halten, er hat auch alles getan, um einen Kontakt zu vermeiden. In dieser Zeit war sie so unsicher. Oft kam, Mama ich weiß nicht was ich machen soll. die Frage, ob sie bei uns eine Schulprobewoche machen könne. Und ob ich mich nicht doch auch beim Jugendamt erkundigen könnte nach Möglichkeiten. Im Nebensatz kam dann aber immer gleich, aber das erfährt dann ja auch Papa, oder? Es ging viel hin und her. Ich versuchte, sie immer aufzubauen, ihr Mut zuzusprechen, sich zu äußern. Dass sie über ihre Gefühle und Gedanken sprechen müsste. Sonst würde sich doch auch nichts ändern. Niemals! Am 6. Januar schrieb Lisa mir dann, dass sie sich quasi mit Diana ausgesprochen hätte. Eine gute Nacht und sie müsse ihr Handy jetzt abgeben. Es hätte sich einiges geklärt. Ich antwortete noch: «*Prima. Freue mich für dich. Gute Nacht HDL*»

Die nächsten Tage wurden schon ruhiger von ihr aus. Telefonieren wolle sie jetzt immer nur noch, wenn sie bei Oma wäre. Sie würde sich zu Hause belauscht fühlen. Es wurde wieder weniger und weniger. Von den ganzen Treffen, die wir eigentlich besprochen hatten, die sie angeblich Sven mitteilen wollte, hat keines mehr stattgefunden. Mit irgendwelchen Ausreden wurden jegliche Termine abgesagt. Ich bekam auch irgendwann eine Nachricht von ihm, dass so was wie jetzt über Silvester nie wieder stattfinden würde. Gemeint hat er die spontane Idee Lisas, mit uns ein paar Tage zu verbringen! Ich hätte das mit *ihm* abzusprechen. Ich versuchte noch ganz oft, sie zu einem Treffen zu überreden. Immer, wenn wir in der alten Heimat waren, fragte ich, ob sie nicht auch kommen wolle. Wir waren ja nun alle bei Oma. Ich würde sie abholen, heimbringen. Aber sie konnte angeblich nie. Am 31. Januar kam dann die Nachricht, dass wieder alles in Ordnung sei. Sie hätten sich ausgesprochen. Sie hätte wieder alle Freiheiten. Ich sollte Papa bloß nicht darauf ansprechen, über die mir anvertrauten Dinge! Das musste ich ihr versprechen. Sie sei jetzt so froh, dass die Probleme gelöst wären und sie keinen Stress mehr hätte. Und das sollte so bleiben. Kein Stress. Keine Probleme. Sie wollte Harmonie. Das musste ich erst einmal verkraften. Nach dieser ganzen emotionalen Zeit. Plötzlich so tun, als sei nichts gewesen und wieder in den distanzierten Zustand zurück? Nun gut, wenn es für Lisa besser war? Ich hatte verstanden, dass jeder Versuch, sich mir anzunähern, mit mir engeren Kontakt zu halten, auch stets mit Argwohn von Sven betrachtet wurde. Es störte die Harmonie, die Lisa unbedingt für sich in Anspruch nehmen wollte. Ich versuchte trotzdem, an unseren eigentlich vereinbarten Treffen festzuhalten, schrieb und erinnerte sie mehrfach. Ein paar Tage lang kam keine Reaktion. Dann irgendwann ein sorry, sie hätte vergessen zu antworten.

Dann folgte ein weiterer Tiefschlag unserer eh schon angespannten Situation. Als meine Tochter über Neujahr bei uns gewesen war, hatte sie erzählt, dass sie und Papa gar keinen Kontakt mehr zur Familie Möller hätten. Dass sie noch nicht einmal den neuen Zuwachs der Familie gesehen hätte und das sehr traurig finden würde. Möllers waren seit 20 Jahren unsere Freunde. Peter Möller ist ebenfalls

Patenonkel meiner Tochter und Sven derjenige für Peters Tochter. Wir hatten alle ein sehr gutes Verhältnis. Seit der Trennung hatten wir es zwar nur einmal geschafft, uns zu treffen, aber wir schrieben und telefonierten einige Male. Ich wusste, dass sie auch noch ein verspätetes Weihnachtsgeschenk für Lisa hatten, aber es ihr natürlich gern persönlich gegeben hätten. Sven hatte sich kaum noch bei ihnen gemeldet, was Möllers als sehr traurig empfanden. Auch, dass ihre Tochter von ihrem Patenonkel so gar nichts mehr hörte! Ich schlug meiner Tochter einen gemeinsamen Besuch vor. Sie freute sich riesig, ich freute mich riesig und Möllers auch. Jetzt würden sie meine Tochter auch endlich mal wieder in die Arme schließen und ihr das Geschenk persönlich geben können. Wir vereinbarten in den folgenden Wochen einen Termin. Meine Tochter wollte dieses Wochenende dann auf jeden Fall mit uns dorthin fahren und Papa das auch rechtzeitig mitteilen. Sie war fest entschlossen, egal was Papa sagen würde. Das Wochenende kam immer näher, ich erinnerte sie ab und an daran, ihm unser Date bei den Möllers mitzuteilen.

Es hat natürlich nicht stattgefunden. So wie auch alle anderen Termine, die ich eigentlich mit ihr abgesprochen hatte. Ich schrieb ihrem Vater, nachdem sie bei uns gewesen war, auch eine Mail mit den Terminvorschlägen, an denen ich meine Tochter gerne sehen würde. Es wurden ausnahmslos *alle* von ihm abgesagt. Ich dürfte auch mit ihr selber keine Termine abstimmen. Das dürfe nur über ihn laufen. Die Gründe warum sie nie konnte: entweder hatten sie angeblich selber innerhalb der Familie etwas vor, oder sie solle sich lieber in ihrer neuen Umgebung aufhalten, um

Kontakte zu knüpfen- oder auch einfach grundlos. Der Urlaub wurde auch auf einmal abgesagt. Sie würden jetzt unerwartet doch selber wegfahren wollen und hätten bereits gebucht. Für mich alles nur Ausreden. Er wollte nicht, dass sie Zeit mit uns verbringt. Er gönnte es mir nicht und hatte Angst, dass meine Tochter ihm doch noch einmal abhandenkommen könnte. Ich sagte unser Treffen mit der Familie traurig ab. Ich hatte mich Saskia Möller am Telefon daraufhin etwas anvertraut. Ich musste reden. Wollte es erklären, warum nun plötzlich doch kein Treffen stattfinden würde. Ich war auch so traurig und enttäuscht über all das. Ich erzählte ihr, dass Lisa hier gewesen war, dass es ihr nicht gut ging. Ich erzählte ein paar Dinge, die sie mir- aber auch weiteren Personen anvertraut hatte. Aber nicht alles, nur so viel, dass Saskia selbst einen Eindruck gewinnen konnte, wie es in Lisa und mir aussieht, wie es um unsere Mutter-Tochter-Beziehung steht. Ich wollte auch einmal eine andere Meinung dazu hören. Meine Freundin erzählte mir, dass Sven und Peter sich sehr gestritten hätten. Er hätte es ihnen so übelgenommen, dass sie sich mit mir treffen wollten. Er forderte eine Entscheidung. Ich oder Er! Seit diesem Vorfall hatten sie auch keinen Kontakt mehr zu Sven. Eine «Entweder-Oder-Entscheidung» von guten Freunden zu verlangen war Svens üblicher Umgang, um Kontakt zu mir zu vermeiden, der zwangsläufig dadurch entstünde. So ging das übrigens mit allen alten Freunden. Alle, die auch mir ein Ohr geschenkt und eine Tür aufgehalten hatten, stieß er weg. Und genauso macht es nun meine Tochter. Nach und nach wurde der Kontakt zwischen ihr und ihrer alten Heimat inklusive Großeltern immer weniger. Peter wollte im Streitgespräch mit Sven etwas Klarheit bekommen über diese Situation und sprach ihn auf Dinge an, die er von Saskia wegen unseres Telefonats erfahren hatte. Das wiederum erfuhr dann Lisa direkt von Sven. Das wurde leider wieder Tatbestand einer Situation, die ihr Vater für sich hätte behalten sollen. Er wird ihr eine Szene gemacht haben, was sie bei mir für einen Unsinn erzählt hätte. Meine Vermutung! Da hatte meine Tochter leider wieder eine traurige Situation zu Hause. Wobei sie ja gerade wieder dabei war, dort alles zu kitten. Was aber auch nur funktionierte, weil sie das tat, was von ihr verlangt wurde. Sie nahm mir das sehr, sehr übel! Sie übertrieb aber in ihrer Kurznachricht wieder so dermaßen! Wieder Beschuldigungen ohne Ende, Dinge, die da gar nicht hingehörten, Sachen, die so nie waren. Ich fühlte mich immer wie auf einer Anklagebank. Zu Unrecht beschuldigt, in fast allen Punkten. Ich wusste aber auch, dass- egal was ich sage oder richtigstellen wollte- kein Gehör finden würde. Sie wolle nicht mehr mit mir sprechen, war ihr letzter Satz. Sie sei zu enttäuscht. Eine Mutter würde so etwas nicht tun. Ich schrieb ihr, dass ich gerne persönlich dazu etwas sagen würde, dass es immer 2 Seiten gäbe, und dass sie vielleicht auch einmal mit Mama Möller reden sollte, der ich angeblich alles Vertraute weitererzählt hätte. Daraufhin wurde es immer verrückter. Plötzlich fing sie mit dem Thema an, dass ich Papa ja monatelang betrogen hätte! Dass ich sie und ihre Geschwister im gemeinsamen Urlaub sitzen gelassen hätte, um mit Tobias hier in Deutschland Party zu machen. Was für ein Unsinn? Woher nimmt sie solche Gedanken? Warum mutmaßt sie? Was hat sie davon? Alles andere als Party habe ich gemacht! Aber so wurde es ihr anscheinend erzählt oder so hat sie es, wie so vieles andere auch, mitbekommen, wenn Sven und

Diana sich über mich austauschten. Sie nahm es mir auch übel, dass ich meiner Freundin berichtet habe, dass das Jugendamt bei ihnen gewesen war. Dass ich daraufhin auch Kontakt zum Jugendamt aufgenommen und nichts weiter als Lügen verbreitet hätte. Ja das stimmt. Ich hatte, als ich erfuhr, dass das Jugendamt vor Ort gewesen war, dort angerufen und mich erkundigt. Es ist doch wohl auch mein Recht als Mutter! Außerdem machte ich mir Sorgen. Ich wollte auch Hilfe! Und wollte mich beim zuständigen Jugendamt auch einmal vorstellen. Die Betreuerin fand das auch gut und richtig, mich einmal kennen zu lernen. Ich erzählte meine Wahrheit und Sichtweise seit der Trennung. Dort war ich natürlich von der Gegenseite total schlecht geredet worden.

Ich schrieb ihr daraufhin:

«*Mensch Lisa! Ich bin deine Mutter, habe das Sorgerecht, und ich habe mich mit dem Jugendamt ausgetauscht -zu dir, zu deinen Geschwistern, zum Umgangsrecht, nicht mehr und nicht weniger. Was ich erfahren habe, habe ich niemanden erzählt! Was sie mir gesagt hat, kannst du gar nicht wissen. Wir haben Neujahr doch über Termine gesprochen. Über das Treffen mit den Möllers, Osterferien, Konzertbesuch etc. Ich habe diese Termine später doch Papa geschrieben. Ich darf mit dir übrigens darüber sprechen, hat das Jugendamt gesagt! Du bist alt genug, eingebunden zu werden. Ich habe damit kein Problem, wenn es nicht klappt. Wenn du mich der Lüge bezichtigst, solltest du dir anhören, was ich zu sagen habe. So kommen wir auf jeden Fall nicht weiter. Einem Gespräch können und sollten wir nicht aus dem Weg gehen. Ich höre mir an, was du zu sagen* hast. *Das habe ich auch gemacht, als du bei uns warst, und ich werde es wieder tun. Du kannst dir sicher sein, nur diejenigen, denen du dich anvertraut hattest, wissen auch alles»*

Das war am 17. Februar. Ich bekam keine Antwort. Ende des Monats versuchte ich es noch einmal.

«Liebe Lisa, schade, dass du nicht kommen magst. Ich habe schon in meiner Mail an Papa geschrieben, dass ich das Ganze für ein Missverständnis halte und ich dir das nach wie vor gerne in einem persönlichen Gespräch erklärt hätte. Meine Terminvorschläge für dich bleiben natürlich alle bestehen. Und wir alle würden uns sehr freuen, wenn du es dir noch einmal überlegst. Bitte erinnere dich auch daran, wie schön es hier mit uns war und dass du dich wohl gefühlt hast. Verschließe dich bitte nicht wieder mir gegenüber. Ich liebe dich. Mama»

Keine Antwort. 2. April, vier Wochen später:

«Hallo, wollte mal hören wie es dir geht. Wie das Schulpraktikum so läuft? Ob du gesund bist? Ich wünsche dir eine schöne Restwoche und ein schönes Wochenende mit deinen Geschwistern. Würde mich freuen, wenn du bald bereit wärst für ein Gespräch mit mir. Ich denk an dich. Hab dich lieb. Mama»

Am 10. April dann eine E-Mail von ihr:
«Hallo, ich antworte dir per Mail, da es per WhatsApp zu anstrengend ist. Zu einem Gespräch bin ich NICHT bereit! Noch lange nicht! Bevor DU nicht alle Dinge ehrlich beantwortest und endlich zu deinen Lügen, Intrigen und Fehlern stehst, wird es KEIN Gespräch mehr geben! Es reicht mir! Ich bin nicht mehr 5 Jahre alt und falle auf deinen egoistischen und

manipulativen Charakter rein. Ich lasse mich nicht mehr von Dir unterbuttern. Deine ganzen Versuche, über Oma, das Jugendamt und andere Leute zu stänkern, haben mich ganz weit von dir entfernt! Eine Mutter macht so etwas nicht! Aber du bist einfach nur egoistisch und denkst nur an dich. Das war leider schon immer so. Nur das Beste für dich und an uns Kinder denkst du nicht. Mir ist jetzt bewusstgeworden, dass es dir noch nie um uns ging. Nicht einmal gekocht hast du für uns. Nur Fertig und Dosenessen. Ich weiß jetzt erst, was es bedeutet, jeden Tag frisches Essen zu bekommen. Das kannte ich von dir ja nicht. Nur billig und fertig für die Kinder und das Geld gibst du für dich aus. Das war auch immer schon so! Du, Du, Du! Erst große Sprüche, dass du die Kinder alle 14 Tage bringst, damit wir uns sehen können und jetzt ist dir das auch schon zu lästig. Es geht nicht darum, dass wir Kinder uns sehen, dass du soweit weggezogen bist, es geht wieder nur um dich. Ich weiß jetzt schon, wie es laufen wird. Du bist einfach zu durchschauen. Die Konsequenzen dafür musst du jetzt tragen. Ich möchte, dass du endlich zu deinen ganzen Lügen und Fehlern stehst und einmal in deinem Leben zugibst, dass DU Fehler gemacht hast und falsch gehandelt hast! Ich zähle jetzt auf, worauf ich ANTWORTEN haben möchte:

- Fremdgehen mit Tobias über Monate! Lügen über Lügen und dann noch die Schuld auf Papa schieben? –
- Lügen, dass du Fortbildungen hattest und Oma für dich mit gelogen hat
- Mallorca: Erst den Urlaub auf Kosten von anderer genießen und dann Stress machen, sich den Flug bezahlen lassen und zu Tobias

fliegen, um mit ihm deinen Geburtstag zu feiern

- *Ich wollte mit! Es war dir scheißegal! Hauptsache DU! –*
- *Papa aus dem Haus ekeln, damit du in Ruhe mit Tobias Zeit hast und Papa konnte uns nicht oft genug nehmen! Hast du dir gedacht, dass das so weitergeht?*
- *Umzug in die Wohnung, obwohl wir in dem Haus hätten bleiben können! Tobias hätte zu uns ziehen können! Wieder nur an DICH gedacht –*
- *Als wir bei Papa und Diana waren, durften wir ihren Namen nicht mehr sagen? Wie kommst du darauf, uns Kinder zu manipulieren und das zu verlangen?*
- *Dann immer gegen Diana und Papa, weil du eifersüchtig warst, dass es Papa gut geht und hier ein schönes Haus ist*
- *Unsere Gespräche mit Papa belauschen hinter der Tür! Handys kontrollieren, dazu hast du kein Recht! Ich weiß, dass du das Handy von Marie kontrollierst!*
- *Mir zu sagen, dass es ums Geld geht, als ich zu Papa wollte. Eine Mutter verhält sich nicht so! Einer richtigen Mutter geht es darum, dass es den Kindern gut geht und nicht nur ihr!*
- *Als ich umgezogen bin, hast du keine Gelegenheit ausgelassen, um Lügen im Bekanntenkreis zu verbreiten! Glaubst du, dass es hier nicht angekommen ist?*
- *Du hast immer weiter Scheiße erzählt! Dann fängst du an zu erzählen, dass Papa und Diana sich vorher kannten und du mit Tobias nur zusammen bist, weil Papa dir einen Grund gegeben hat? Also ist Tobias nur ein Notnagel?*

47

Ich muss lachen! Diana und Papa sind Arbeitskollegen! Klar kannten sie sich! Fremdgegangen und gelogen hast DU und kein anderer!

Also was soll das? Steh endlich dazu und erzähl keinen Mist mehr rum! Marie und Jonas aufhetzen und ihnen ständig etwas erzählen. Das kannst du gut! Aufhetzen und Lügen! Das ist dein Charakter! Du machst einen Termin mit Möllers und schiebst mich vor wegen den Geschenken? Ich wohne bei Papa! Wenn sie mir etwas schenken wollen, läuft das nicht über dich! Peter hat alles erzählt! Du hast alle Dinge, die ich dir im Vertrauen gesagt habe, verwendet, um Stress zu machen. Was bist du für ein Mensch? Missbrauchst mich für deine Spiele? Du benutzt Menschen nur! Auch Oma und Opa. Sie machen, was Du willst. Ich nicht mehr! Ich sehe jetzt hier, was Familie ist! Wenn du deinen Charakter nicht sofort änderst und aufhörst zu lügen, dann wirst du irgendwann nicht mehr dazu gehören und ganz alleine sein. Bevor du nicht ALLES beantwortest hast, brauchen wir nicht mehr sprechen! Übernimm endlich die Verantwortung für dein Verhalten!»

Ich fragte sie nur knapp:

«*Sind das DEINE Worte?*»

Sie antwortete:

«*Ja! Das sind MEINE Worte. Ich bin nicht mehr 5 und habe deine Lügen, Spielchen und Intrigen durchschaut. Wenn du mich nicht ganz verlieren möchtest, stehst du endlich zu deinen Fehlern. Ich möchte auf ALLES eine Antwort. Das bist du mir schuldig. Bis dahin möchte ich KEINEN Kontakt mehr. Hör endlich mit deinem bösen Verhalten auf. Ich werde mich auch nicht mehr auf Gespräche mit Oma oder anderen Leuten, die du vorschickst einlassen. Diese Spielchen mache ich nicht mehr mit. Mir reicht es, eine Mutter macht so was nicht! Du hörst einfach nicht auf»*

Darauf antwortete ich, dass ich nicht über Medien auf so etwas reagieren würde. Nur, wie schon so oft angeboten, in einem persönlichen Gespräch. Dass ich ihr alle Fragen beantworten würde. Aber auf neutralem Boden, und dass ich ihr dabei in die Augen schauen möchte. Dass ich warten würde, bis sie bereit dazu wäre, und dass ich an sie denken würde. Sie sagte, sie hätte nichts Anderes von mir erwartet. Sie bot mir an, dass ich dann zu ihr nach Hause kommen sollte. Da könne ich ihr in die Augen sehen.

«Komm her und gib mir auf ALLES Antworten»

Ich war überrascht. Mir war aber auch wieder klar, dass der Vorschlag nicht von ihr selber kommen konnte. Sie wollten mich ins offene Messer laufen lassen. Die ganzen Nachrichten, der Schreibstil, die Betonung auf manchen Worten! Das war Sven. Genauso hatte er mir auch immer geschrieben.

Und ich war mir gar keiner Spielchen und Intrigen bewusst. Das wurde ihr nur alles so eingeredet und dargestellt. Die Fragen, die sie beantwortet haben wollte. Viele davon waren keine Kinderfragen. Und die eine Frage, die ständig gestellt wurde:

«Seit wann hast du Papa betrogen?»

49

Das wollte Sven wissen. Weil es nämlich zu der Zeit darum ging, wie lange ich nachehelichen Scheidungsunterhalt in Anspruch nehmen durfte. Das war alles so zu durchschauen. Ich schrieb meiner Tochter, dass ich mit «neutralem Boden» auch neutral meinte. Nicht bei ihr, wo Sven hinter der Tür lauern würde und meine Tochter befangen wäre. Ich bot ihr an, sie abzuholen und in ein Café zu gehen. Sie zog meinen Text ins Lächerliche. Betonte´, dass sie «*bei SICH ZU HAUSE*» auch «*BEI IHR ZU HAUSE MEINEN WÜRDE*» Ich würde nicht mehr vorgeben, wie es zu laufen hätte. Sie will ALLES bei ihr zu Hause beantwortet haben, weil SIE das sagt! Puh das war nicht sie! Ich kannte bis dahin meine Tochter. DAS WAR SIE NICHT! Diese Art, alles, eine Mutter spürt so etwas. Ich schrieb ihr, dass ich ihre Reaktion, ihren Ton, ihre Respektlosigkeit mir gegenüber nicht nachvollziehen, beziehungsweise dulden könne. Dass sie noch im Januar NICHT über die Vergangenheit reden wollte, Papa stattdessen einen Brief geschrieben und darin erklärt hatte, wie schlecht es ihr ging. Und jetzt das? Dass es mir leidtäte, aber ich ihr die Worte und den Sinneswandel nicht abnehmen würde. Und noch mal ganz deutlich betonte ich, dass ein Gespräch auf neutralem Boden, gerne beim Jugendamt, stattfinden könnte.

«Du kannst jetzt so weitermachen und lebst stattdessen mit nur einer Wahrheit, oder du gehst Kompromisse ein, und jeder von uns bekommt seine Antworten. Ich kann dich zu nichts mehr zwingen. Es ist deine Entscheidung»

50

Am 4. Mai forderte sie mich auf, ein gemeinsames Bild von uns beiden aus meinem Instagram Account zu löschen. Wieder ein Schlag ins Gesicht! Sie wollte keine Gemeinsamkeiten mehr mit uns. Keine Ahnung, was da in ihr vorging. Es war ein schönes Bild! Es war entstanden zu dem letzten gemeinsamen Weihnachten, und sie hatte es sogar nach ihrem Auszug auf ihrem Nachttisch in einem Rahmen stehen. Das erzählte mir ihre kleine Schwester eines Tages. Ich löschte es ohne Kommentar.

Am 12 Mai kam eine WhatsApp:

«Alles Gute zum Muttertag»

Ich freute und bedankte mich. Dann hörte ich lange nichts. Am 12 Juli schrieb ich ihr wieder. Wie es ihr ginge, wie das Zeugnis ausgefallen sei, dass ich ihr schöne Sommerferien wünsche und mich sehr auf ein gemeinsames Gespräch irgendwann freuen würde. Sie betonte daraufhin, dass sie ein Gespräch ja nur bei sich zu Hause; und jetzt kommt es: Zu dritt mit der neuen Partnerin führen würde! WAS hat sie damit zu tun? Die Frau, die alles gegen mich tut? Die mich hasst? Die ich hasse wegen ihrer hinterhältigen Art, die es unterstützt, dass meine Tochter sich komplett von mir abwendet? Ich glaube es geht los. Ich war wütend. Was bildete sie sich überhaupt ein. Für mich wurde deutlich, dass sie (Diana) und Sven es eigentlich gar nicht wollen, dass ich mit Lisa spreche. Ihnen wird ja wohl klar gewesen sein, dass ich erstens nicht zu ihnen nach Hause kommen, und schon gar nicht an einem Tisch mit Diana sitzen würde! Ich antwortete wieder, dass ein Gespräch welches nur UNS betrifft, nur unter 4

Augen und auf neutralem Boden oder beim Jugendamt stattfinden würde! Sie änderte ihre Meinung nicht.

Am 1. August 2019 schrieb Lisa mir ein «*Happy Birthday*» Wieder ein Funken Freude und Hoffnung! Ich wusste von ihren Geschwistern, dass sie diesmal nicht mit ihrem Papa und Diana in den Urlaub fliegen wollte. Aber das war anscheinend eine sehr kurzfristige Entscheidung von ihr. Da der Flug für sie schon gebucht war. Komisch, dachte ich mir. Stattdessen wollte sie mit einer Freundin in ein Feriencamp. Auf meine Anfrage an Sven nach dem Aufenthaltsort meiner Tochter, während seiner Abwesenheit im Ausland, bekam ich keine Antwort. Ich fragte das Jugendamt, ob er nicht eine Mitteilungspflicht mir gegenüber habe? Das wurde bestätigt und ihm mitgeteilt. Daraufhin bestätigte er widerwillig die Teilnahme am Feriencamp, jedoch ohne den Ort zu nennen, Lisa wollte das angeblich nicht! Ich hatte irgendwie das Gefühl, die Gelegenheit zu ergreifen und diese Chance nutzen zu müssen. Da sie alleine war. Ich wünschte ihr schöne Ferien und fragte sie, wo sie eigentlich sei. Ob sie in den nächsten 3 Wochen Lust und Zeit für ein Gespräch hätte.

Ihre Antwort:
«In den nächsten 3 Wochen? Nein! Ein Gespräch wird nur und ausschließlich zusammen mit Diana stattfinden. Das habe ich jetzt schon hundert Mal gesagt! Du meldest dich jetzt, wo Diana und Papa nicht da sind? Terminabsprachen müssen genau wie du es bei Marie und Jonas möchtest, über Papa laufen. Warum machst du das? Schon wieder von hinten rum Spielchen? Du versuchst mich immer

wieder in solche Situationen zu bringen. Hör endlich auf damit. Wenn das nicht aufhört, sperre ich dich!»

Daraufhin hat sie mich gesperrt! Das war der 4. August 2019. Ein Psychologe könnte bestimmt viel aus dieser Antwort herauslesen. Ich kann sie jetzt eigentlich auch verstehen. Dass ich sie damit immer in eine für sie unangenehme Situation gebracht habe. Das tut mir leid. Aber ich hatte halt immer irgendwie die Hoffnung, dass sie innerlich auf ein Zeichen von mir oder sonst etwas warten würde. Es war für mich immer einen Versuch wert, Kontakt zu suchen. Mein Freund versuchte noch einmal, etwas zu retten. Aber auch das wurde alles missverstanden, und auch er wurde gesperrt. Kurz danach auch meine Mama (ihre einst heiß geliebte vertraute Oma). Es war zum Schreien alles! Dieses Gefühl, nichts richtigstellen zu können, einfach alles hinnehmen zu müssen.

Ich war ja, seitdem ich wusste, dass das Jugendamt bei meiner Tochter zu Hause gewesen war, auch im ständigen Austausch mit ihnen. Es tat mir gut, auch mal meine Sichtweise darzulegen, mich anderen auch als leibhaftige Person vorzustellen. Das Gefühl, es versteht dich noch jemand. Versuchen, klarzustellen, dass ich keine schlechte Mutter bin, auszudrücken «ES GIBT MICH UND ICH INTERESSIERE UND KÜMMERE MICH» Das Jugendamt berichtete mir, dass sie als erstes vom Vater informiert worden waren. Schwierige Phase, hieß es. Dass sie ein Gespräch mit meiner Tochter gehabt hatten. Keine Einzelheiten. Ich gab dem Jugendamt auch immer einen Zwischenstand der aktuellen Situation, leitete auch häufiger Nachrichten weiter, damit sie im Bilde waren. Sie sagten mir aber auch immer, dass es sehr schwer sei, an sie heran zu kommen. Sie sei in dem Fall schon zu alt und könne ihre Meinung sehr gut selber vertreten. Wenn sie sagt, es ginge ihr gut, dann müsste man das akzeptieren. Sie luden auch Sven noch einmal ein, weil der sich nach dem Besuch vom Jugendamt gar nicht mehr gemeldet hatte. Auch da wurde wieder alles anders erzählt. Somit war das Thema eigentlich erledigt. Das Jugendamt fühlte mit mir mit, es tat ihnen leid, mir nicht helfen zu können. Der einzige Weg sei das Gericht, aber da hätte man auch schlechte Karten aufgrund des Alters meiner Tochter. Ich war wenigstens etwas dankbar dafür, dass das Jugendamt mir endlich glaubte. Auch sie zweifelten an den angeblich von meiner Tochter verfassten Nachrichten, und wortwörtlich hieß es, dass sie es auch für wahrscheinlich halten, dass meine Tochter doch sehr manipuliert worden sei. ENDLICH GLAUBTE MIR JEMAND VOM AMT!

Nach all den Versuchen von mir und dem Jugendamt, meine Tochter zu einem gemeinsamen Gespräch zu bewegen, beschloss ich, vorerst aufzugeben. Zu sehr belastete es mich, meinen Alltag, meinen Schlaf. Ich entschloss mich, ihr einen letzten Brief zu schreiben. Der Brief beinhaltete eine CD. Auf dieser CD war ein Lied, welches ich beim Joggen das erste Mal gehört hörte. Ein Lied, das so genau mich und meine Gefühle und Gedanken traf. Es schmerzt immer noch, wenn ich daran denke! Ich bat sie in diesem Brief, dieses Lied anzuhören. Ich gab in diesem Brief sehr viel Liebe. Mutterliebe. Ein Abschied, vorerst. Ich war überzeugt, dass sie beim Lesen dieser Zeilen zum Nachdenken angeregt wird, dass der Brief ihr Herz bewegt, dass sie sich

eventuell doch auf ein Gespräch einließe. (ICH WOLLTE DOCH NUR NOCH EIN MAL MIT IHR REDEN)
August 2019

«Liebe Lisa, Da du deine eigene Mutter schon blockieren musst-schreibe ich dir diesen Brief. In der Hoffnung, dass du ihn bekommst und alleine in Ruhe lesen kannst. Ich habe mich noch einmal an das Jugendamt in deiner Stadt gewendet. Leider ist deine Ansprechpartnerin nicht mehr für dich zuständig. Das macht jetzt eine andere Kollegin. Sie macht einen sehr netten Eindruck und ist, wäre auch immer für dich da. Genauso wie ich, Oma, deine Patentante etc. Du hast so viele Menschen, die dich gerne mögen. Nach wie vor! Das Jugendamt ist auch der Meinung, dass ein Gespräch auf neutralem Boden und ohne Diana stattfinden sollte. Noch einmal bitte ich dich von Herzen, dass du dich auf ein Gespräch mit mir einlässt. Um alles was dich bedrückt, was in dir vorgeht, deine Fragen, Unsicherheiten, Ängste, das was in deinem Herzen ist, loszuwerden. Ich beantworte dir alle Fragen. Es war ein Fehler, die anvertrauten Dinge weiterzugeben. Das weiß ich jetzt. Es tut mir unendlich leid. Bitte verzeih mir. Vergiss doch bitte nicht unsere gute, innige, intensive Zeit. Wir hatten nie Probleme, wir waren uns immer so nah. Das kann doch nicht alles weg sein? Das glaube ich einfach nicht. Gerade nach deinem Aufenthalt hier bei uns im Januar. Ich weiß, dass ich mit Sicherheit auch Fehler gemacht habe. Lass sie uns aus der Welt schaffen. Ich wollte dich nie verletzen, dir weh tun, oder dir neue Probleme bringen. Wenn ich ein paar Dinge, die du mir anvertraut hast, einer Freundin erzählt habe, dann nur aus Sorge um dich, mein Kind, weil ich weiß, wie es dir hier ging. Erinnere dich!

Unsere Gespräche, der verzweifelte Brief an Papa! Ich fühlte mich hilflos, war machtlos, und wütend, weil ich dir nicht helfen konnte. Ich habe für mich entschlossen, dass ich es dann jetzt gut sein lasse. Dich nicht mehr fragen werde. Ich werde dich trotzdem regelmäßig daran erinnern, dass es mich noch gibt. Aber ich lasse mich nicht mehr so von dir, Papa behandeln. Das macht mich krank und immer wieder traurig. Damit ist jetzt Schluss. Mit solchen Sätzen wie «du entscheidest nichts mehr - du hast immer nur an dich gedacht - wir sind dir nie wichtig gewesen - es gab bei dir nur Dosenfutter». Weißt du eigentlich wie verletzend das für eine Mutter ist? Und du weißt genau, dass es so nie war. Ich lasse das jetzt nicht mehr an mich heran. Das habe ich lange genug getan. Und ganz ehrlich, wenn du mal in dich hinein fühlst. Wir konnten immer über alles reden und waren ein gutes Team. Ich hoffe, dass du es nicht irgendwann bereust, gebrochen zu haben, mit den Menschen die du so geliebt hast und die dich lieben! Das Leben kann sich so schnell ändern! Gib mir-uns doch bitte noch eine Chance für ein Gespräch. Eine Chance, uns in dein Leben zu lassen! Lass mich dir erklären, Fehler eingestehen, dich aber auch an Dingen, die ich über die Vergangenheit weiß, teilhaben lassen. Ich liebe dich so sehr und bin immer für dich da. Immer! Vergiss das bitte niemals! Egal was passiert. Ach Lisa gib dir einen Ruck- bitte hör in dich hinein. Lass mich wenigstens nur noch einmal mit dir sprechen. Anbei die CD von Sarah Connor. Ich mag ihre Songs nach wie vor immer noch sehr gerne. Ich hoffe die CD gefällt dir. Ich möchte, dass du dir das Lied «Ich wünsch Dir» bitte auf jeden Fall anhörst. Weil, DAS WÜNSCHE ICH DIR, Mama»

Der Brief kam ungeöffnet per Einschreiben zurück! Ich kann gar nicht beschreiben, was das für ein Gefühl war. War das ihr Schutz? Lieber gar nichts mehr von Mama hören, lesen, sehen. SELBSTSCHUTZ? Angst davor, dass sie doch Gefühle zulassen müsste? Angst, dass, wenn das passieren würde, es für sie wieder schwierig werden würde zu Hause? Mein Name ist in dieser Familie bestimmt immer mit einem Stimmungstief verbunden und mit schlechten Gefühlen und Reaktionen behaftet. Oder wollte sie mir bewusst damit schaden? Mich leiden lassen mit dieser Ignoranz? Hat sie den Brief überhaupt bekommen? Nicht, dass er abgefangen wurde? Fragen über Fragen zermürbten mich. Diese Ungewissheit. Was wäre wenn? Ich schickte dem Jugendamt eine Kopie des Briefes. Bat um Kenntnisnahme, um zu verstehen, und darum, meiner Tochter diesen Brief persönlich zu übergeben, sollten sie noch einmal in Kontakt mit ihr treten. Ihr zu sagen, dass dieser Brief keine Bedrohung für sie bedeuten würde. Als sie noch einmal vom Jugendamt eingeladen worden war, sprach das Jugendamt sie auf diesen Brief an. Sie lehnte aber ab ihn zu lesen und wiederholte, dass sie nicht bereit sei zu einem Gespräch mit mir. Ich war mir sicher, dass es niemals so eskaliert wäre, wenn ich EINMAL die Chance gehabt hätte, mit ihr ganz allein zu sprechen.

Thema Jugendamt. Irgendwie sind die immer deine letzte Hoffnung. Die einzigen, die vielleicht irgendwie helfen könnten. Aber auch da wird man enttäuscht. Man fühlt sich im Stich gelassen. Es ist eine Feststellung, kein Vorwurf. Die sind ja oft einfach selber überfordert. Ich wusste zum Beispiel nicht, dass man ein persönliches Gespräch über das Thema Umgangsrecht nur bekommt, wenn beide Elternteile daran teilnehmen. Das ist zwar verständlich, da sich keiner auf nur eine Seite stellen soll, und das würde unabsichtlich sehr schnell passieren. Aber trotzdem ist es in dem Moment, wenn es einem schlecht geht und man unbedingt mit jemandem reden möchte der sich auskennt, eine Enttäuschung. Ich nahm relativ früh Kontakt auf. Es ist so, dass immer das Jugendamt an dem Ort zuständig ist, wo das betreffende Kind lebt. Deshalb hatte ich mit dem Jugendamt von Lisa nur Mail und telefonischen Kontakt.

Zuerst kontaktierte ich das hiesige Jugendamt. Das war im Februar 2019. Nach einem Telefonat mit der zuständigen Sachbearbeiterin schrieb ich ihr Folgendes:

«Danke für das Angebot, Ihnen ein paar Gedanken und Gefühle mitteilen zu dürfen. Ich versuche, obwohl es mir sehr schwer fällt, mich nur kurz und knapp auszudrücken. Ich verstehe auch, dass es eigentlich nicht wichtig ist, wer was getan oder geschrieben hat. Es sollte ausschließlich um die Kinder gehen. Als wir uns um Sommer 2017 nach 17 Ehejahren getrennt haben, haben sich die Kinder spontan entschieden,

weiter bei mir zu leben. Das ging auch einige Monate gut, Diskrepanzen mit Sven gab es in dieser Zeit immer mal. Sven ist nach der Trennung sehr schnell in das Haus seiner neuen Partnerin gezogen. Meine große Tochter Lisa war nach dem ersten Besuch dort wie ausgewechselt. Sie kam wieder mit Geschenken überhäuft und sie fand dort in ihrer ganz eigenen Situation nun die volle Aufmerksamkeit. Plötzlich fand sie bei mir alles schlecht (Zimmer, Umgebung, Schule, Schulweg usw.) und unsere Beziehung zueinander verschlechterte sich zusehends. In dieser Zeit holte ich mir die Hilfe des Jugendamtes vor Ort. Die dortige Betreuerin sprach mir gut zu und erklärte mir, dass Trennungskinder häufig dazu tendieren, die Umgebung «gut zu finden» die ihnen am meisten Aufmerksamkeit bietet, auch die meisten materiellen Dinge. Sie empfahl, sich untereinander klar zu einigen, wo Lisa leben soll. Mit Lisa habe ich gesprochen und ihr deutlich gemacht, nichts zu überstürzen, sie solle Alltagssituation auch beim Vater prüfen, ggf. mal zur Probe dort wohnen, auf jeden Fall aber zunächst das Schuljahr beenden (noch 6 Wochen bis zu den Sommerferien 2018). Auf die Unterstützung Svens konnte ich nicht mehr bauen. Bereits nach dem ZWEITEN Besuch stand ihr Wunsch fest. Sven hat Lisa ohne jede Rücksprache bei mir «rausgeholt», stand mit leeren Koffern vor der Tür und nahm sie sogleich mit allen persönlichen Sachen mit. Sie können sich nicht vorstellen, wie schlimm das für mich war. Sie müssen wissen, dass meine Tochter und ich immer eine sehr, sehr enge und stets gute Beziehung zueinander hatten. Ich stand völlig neben mir, unter Schock, und niemand in meinem sehr familiär geprägten Umfeld konnte sich das erklären. Der Verdacht der Manipulation lag nahe und niemand vermochte es, hier noch einzugreifen. Lisa litt von klein auf an Zwängen und hatte vor einigen Jahren sehr starke Verlustängste (Angst, dass mir etwas passieren könnte) und wir bekamen das wieder in den Griff mit Hilfe einer Jugendpsychologin. Nach ihrem Auszug hatten wir beinahe 6 Monate keinen Kontakt. Mehrere Versuche meinerseits blieben erfolglos. Ihre (WhatsApp) Antworten stammten im Wortlaut nicht von ihr selbst, mir erschien es, als würde ich gar nichts mehr Persönliches von ihr vernehmen. Sven hat in dieser Zeit nichts unternommen, um einen Kontakt herzustellen oder zu fördern. Sie hatte auch bis auf eine Freundin den Kontakt zu ihrem alten Kreis komplett abgebrochen. Bis Weihnachten 2018 war der Kontakt zwischen ihren Geschwistern sowie ihrem Vater (und Lisa) zumindest regelmäßig, wenn auch in der Absprache beschwerlich. Die Geschwister berichteten mir mehrfach und ohne meine Nachfrage, dass bei ihren Besuchen schlecht über mich gesprochen wurde (siehe Mails). Selbst in WhatsApp Nachrichten wurde ich unverblümt diffamiert. Nun ist es vor einigen Wochen ZUM GLÜCK dort eskaliert und Lisa hat wieder den Kontakt zu mir und meiner Mutter gesucht. Bei einem ersten Besuch hier bei uns an Sylvester 2018 war sie wie ausgewechselt, als hätte es die letzten 6 Monate nicht gegeben. Sie genoss unsere Nähe, schien wieder glücklich und zufrieden, lachte und merkte an, wie sehr sie das vermisst hat. Sie öffnete sich und berichtete über die zurückliegenden Monate. Nun kam ans Licht, dass sie dort sehr unzufrieden ist, sich ungeliebt fühlt und ein «normales» Familienleben dort nicht existiert. Sie berichtete von Regeln und Maßnahmen, von Druck und Streitigkeiten und davon, dass sie stets nur vorgegeben habe, dass «alles in Ordnung sei». Auch das Jugendamt sei dort gewesen, habe ihr da gesagt, dass es sein könne, dass sie in eine Wohngruppe ziehe müsse, wenn das Zusammenleben mit Lisa laut Sven und Diana nicht besser wird! Ich musste ihr versprechen, davon niemanden zu berichten, jedoch war ihre Patentante und mein Lebenspartner beim Gespräch dabei und wurden so Zeuge. Ich habe ihr geraten, einen Brief an ihren Vater zu schreiben (Kopie liegt bei mir!) und ihm deutlich zu machen, dass es so nicht weitergehen kann. Ich habe auch deutlich gemacht, dass ich aufgrund der Streitigkeiten und dem schlechten Verhältnis zu ihrem Vater keine Chance sehe, hier selbst einzugreifen. Mir würde ohnehin nicht geglaubt. Den Brief hat sie leider nicht abgegeben. Sie wurde nach ihrer Rückkehr erneut unter Druck gesetzt. Man hat ihr deutlich gemacht, dass bei einem erneuten Umzug sie keine Chance auf Rückkehr hätte. Sie solle daran denken, was alles für sie getan wurde usw. Nun ist Lisa wieder in ihr Schneckenhaus zurückgezogen, gibt sich selbst eine Mitschuld an ihrer Situation (paradox!) und möchte keineswegs ihren Vater verletzen. Sie hofft auf Harmonie und keinen Stress und tut alles dafür. Auf mich wirkt sie unterdrückt, ängstlich, unzufrieden, unglücklich und wenig selbstbewusst. Meine letzten Terminvorschläge für ein Treffen mit ihr hat Sven, ohne Rücksprache mit ihr zu halten, abgelehnt. Daher wusste ich nun auch keinen anderen Rat mehr, als mich an Sie zu wenden. Nachdem im letzten Jahr alle Terminvorschläge für ein Treffen mit seinen Kindern von mir kamen, diese aber stets geändert oder gestrichen wurden, habe ich bereits im November angekündigt, keine Vorschläge mehr zu unterbreiten. Er müsse entsprechend seiner Verfügbarkeit selbst Termine vorschlagen. An dieser Stelle habe ich ihm auch klargemacht, dass ich die anderen Kinder, wenn möglich, bis nach …. in unserem alten gemeinsamen

Wohnort zu Oma/Opa bringen werde und er sie dann dort abholen könne. Daraufhin hat er bereits zugesagte Wochenenden ausfallen lassen, nur, weil er erwartet hat, dass ich die Kinder zu ihm nach Hause bringe! Schon früher hat er in vergleichbaren Situationen den Kindern per Telefon dann mitgeteilt, dass er sie leider nicht sehe könne, weil ich nicht bereit wäre, sie zu ihm zu bringen. Die letzte Mail von Sven zeigt eigentlich sehr gut die verfahrene Situation. Ich habe mir nie angemaßt, über sein Leben zu urteilen, bei uns gibt es die Regel, nicht über den anderen Haushalt zu reden, was hier passiert, bleibt auch hier und umgekehrt. Dennoch hat mir Lisa nun natürlich Dinge offenbart. Aber wie gesagt, ich habe die Infos (noch) nicht verwendet. Seine Antwort lässt aber darauf schließen, dass er glaubt, sich hier verteidigen zu müssen. Dass er dabei auch Vorwürfe formuliert, die konstruiert sind, verwundert mich nicht, aber das soll hier keine Rolle spielen. So, das war jetzt etwas länger, aber für mich mal befreiend. Ich hoffe, Sie können sich so einen Eindruck (von meiner Seite) verschaffen. Letztlich verbinde ich mit Ihrer Unterstützung die Hoffnung, eine Umgangsregelung für und im Sinne unserer Kinder treffen zu können. Natürlich hoffe ich auch auf eine Einschätzung von Lisas Situation und wie ich damit umgehen soll»

Sie schlug ein gemeinsames Gespräch mit dem Kindesvater vor. Das wurde von ihm abgelehnt. Aber sie erklärte mir ja auch, dass für die große Tochter das andere Jugendamt zuständig sei. Und sie auch hoffen würde, dass es mir wenigstens dort gelingen würde, gute Lösungen mit dem Kindsvater zu erarbeiten. Mein erster Kontakt mit dem zuständigen Jugendamt erfolgte, nachdem meine Tochter im

Januar 2019 bei mir war und von ihrer Situation berichtete. Sie erzählte mir ja auch, dass das Jugendamt bei ihr zu Hause gewesen war. Die dort zuständige Mitarbeiterin fand es gut, von mir zu hören. Wie vermutet, hieß es von dem Kindsvater, dass zur Mutter kein Kontaktwunsch bestehen, und ich auch keinerlei Interesse zeigen würde! So konnte ich mich wenigstens mal vorstellen. Berichten, dass es mich gibt! Immer gab. Und einfach mal meine Geschichte dazu erzählen konnte. Ich habe öfter mit ihr telefoniert. Das tat gut.

Am 6.März schrieb ich ihr:
«Die Fronten scheinen sich gerade zu verhärten. Auf die letzte Mail des Kindsvaters habe ich nicht mehr geantwortet. Mir fehlt einfach die Kraft, die ständigen Diffamierungen und Falschbehauptungen durch neue Antworten zu entkräften. Außerdem kommt es nicht dort an, wo es hinsollte, nämlich zu LISA. Meine Tochter lebt nun einzig mit den Behauptungen ihres Vaters, der dem Anschein nach jeden Kontakt zu mir und meiner Umgebung unterbinden möchte. Jegliche Klärung ist nicht mehr möglich, sowohl Lisa geht jedem Gespräch aus dem Weg, als auch ihr Vater, der gemeinsame Termine bei den Jugendämtern ablehnt. Eine Bitte dazu hatte ich beim Jugendamt hier vor Ort bereits eingereicht. Auch zu den Großeltern, Paten und engen Freunden besteht keinerlei Kontakt mehr. Ich weiß nicht mehr weiter ... Mein Wunsch wäre es, mit ihr ein klärendes Gespräch führen zu können, gerne im Beisein des Jugendamtes oder ähnlichen Stellen, allerdings ohne Kindsvater, denn diesen halte ich für den Verursacher des Dilemmas. Während Lisas Aufenthalt bei mir im Januar wurde von ihr deutlich gemacht, dass sie alles tut, um «in Ruhe dort leben zu können» wie sie es ausdrückte. Sie

berichtete, dass sobald das Gespräch auf mich kommt, es «Unfrieden» gäbe, weshalb sie das vermeidet. Sie sollte sich frei äußern dürfen, nur dann gäbe es eine Chance, die Hintergründe zu erfahren. Sollte auch dieses Gespräch nicht zustande kommen, was wären dann meine Handlungsoptionen? Familiengericht? Wie und was lasse ich dort klären? Umgangsrecht? Meine Eltern erwägen ebenfalls, sich separat Hilfe zu holen. Bitte helfen Sie mir!»

Die Antwort lautete:

«Ich kann Ihnen gerne ein Beratungsgespräch gemeinsam mit Lisa im Jugendamt anbieten. Haben Sie denn derzeit noch Kontakt zu Ihrer Tochter beziehungsweise eine Möglichkeit, einen Termin mit ihr abzustimmen? Nach wie vor finde ich es aber auch wichtig, dass Sie sich als Eltern zusammensetzen und die Konflikte klären, damit Sie sich über die Belange Ihrer Kinder zukünftig besser austauschen können. Sofern keine Einigung erzielt werden kann, bliebe nur noch die Einschaltung des Familiengerichtes. Dort können Sie einen Antrag auf Regelung der Umgangskontakte stellen. Diesbezüglich würde ich Ihnen empfehlen, sich zunächst von einem Rechtsbeistand beraten zu lassen. In diesem Zusammenhang ist jedoch zu beachten, dass in Lisas Alter der Kindeswille berücksichtig wird. Wenn Lisa keinen Kontakt zu Ihnen möchte, kann dies voraussichtlich auch nicht gerichtlich erzwungen werden. Vielleicht können Sie ihre Tochter ja dazu bewegen, zunächst ein gemeinsames Gespräch im Jugendamt wahrzunehmen. Ich hoffe, dass ggf. noch eine außergerichtliche Lösung erzielt werden kann. Bis auf die letzten E-Mails waren Sie ja auch bereits auf *einem guten Weg dorthin. Falls Sie Fragen haben oder einen Termin gemeinsam mit Lisa vereinbaren möchten, können Sie sich gerne bei mir melden. Mit freundlichen Grüßen»*

Der Kindsvater lehnte zur der Zeit auch das ab. Ich hatte also keine Chance, irgendwie an sie heranzukommen. Nachdem meine Tochter im Januar 2019 bei mir war, hatten wir ja einige Termine, Treffen vereinbart, die ich dem Vater auch mitteilte. Es wurden alle abgelehnt!

Auszüge des Vaters an mich:

Wir haben Lisa IMMER und zu jeder Zeit ermöglicht, Kontakt oder Umgang zu dir zu haben. Lisa hat das abgelehnt, aufgrund der Probleme zwischen euch. Ein Kontakt ist erst wieder nach Monaten zu Weihnachten entstanden, da wir einen Besuch bei der Oma (deiner Mutter) befürwortet und unterstützt haben. Diese Situation ist aus dem Ruder gelaufen, da weder DU, noch deine Mutter uns darüber informiert haben, dass Lisa mit zu euch gefahren und auch mehrere Tage geblieben ist, obwohl lediglich ein Besuch bei deiner Mutter vereinbart war. Der Besuch an sich stellt kein Problem dar, allerdings ist die Vorgehensweise, Dinge ohne uns zu informieren oder mit uns abzusprechen, nicht akzeptabel. Sie hat das Gefühl gehabt, sich positionieren zu müssen. Leider hast du mit den ganzen Äußerungen und Handlungen im Umfeld und beim Jugendamt für Missstimmung bei Lisa gesorgt. Sie hat das Vertrauen verloren und fühlt sich von dir benutzt. Auch das hat sie dir nach eigener Angabe geschrieben. Es wäre wünschenswert, dass zukünftig ein normaler Umgang möglich wäre, ohne die Kinder zu benutzen, zu beeinflussen oder aufzuhetzen. Selbstverständlich werden wir Lisa auch weiterhin bestärken, ein gesundes und normales Verhältnis zu dir aufzubauen und regelmäßigen Kontakt zu pflegen. Du solltest zukünftig auf «Stimmung Mache» verzichten. Leider kommen die Äußerungen und Gesprächsinhalte doch irgendwie immer ans Tageslicht. Lisa sollte unbeschwert zu euch kommen und zukünftig ein normales Verhältnis zu dir aufbauen können.

Ich habe nur leider das Gefühl, dass von dem Vater absolut keine Bestärkung kam. Ich schrieb dem Jugendamt am 17.2.2019:

«Ich bin inzwischen im Austausch mit dem Jugendamt hier vor Ort bezüglich einer Umgangsregelung mit den Geschwistern, die bei mir leben. Leider hat Sven ein Gespräch zur Klärung abgelehnt. Auf Empfehlung der hiesigen Ansprechpartner soll ich nun noch einmal den Versuch unternehmen, Termine für den Umgang vorzuschlagen (da von ihm keine kommen), um eine gerichtliche Klärung noch zu umgehen. Meine letzten Terminwünsche für einen Umgang mit meiner großen Tochter sind seinerseits abgelehnt worden, zum Teil ohne Begründung. Der Kontakt wird deutlich erschwert, weshalb ich Sie künftig in Kopie nehmen möchte, wenn es um Terminabsprachen geht. Ich hoffe inständig, dass er so einsichtig wird und sich die Wogen doch noch glätten. Im Moment ist meine Tochter wieder sehr zurückgezogen, hält kaum Kontakt und ist gänzlich anders als noch vor 6 Wochen. Mich würde es nicht wundern, wenn Sven meine Terminvorschläge allesamt ablehnt mit der Begründung, «Sie möchte nicht» Er hat mir in seiner letzten Mail untersagt, Terminwünsche mit ihr direkt abzusprechen. Mein Eindruck ist, er bespricht die

Vorschläge überhaupt nicht oder redet diese sogleich aus. Ich hoffe sehr, Sie können sich einen objektiven Eindruck von Lisa verschaffen und mich in meiner Befürchtung, dass es ihr psychisch nicht gut geht, doch noch beruhigen»

Ach es ging immer hin und her! Keine Verbesserung. Das Jugendamt sprach ja auch mit ihr. Sie betonte aber immer, wie gut es ihr ginge, wie gut sie in der Schule sei, dass sie auch lieber an den Wochenenden dabliebe, um Kontakte zu knüpfen etc. Das war zum Beispiel auch die Begründung einer Absage von Sven. Sie solle lieber an den Wochenenden bei ihnen in der Umgebung bleiben, da es wichtiger sei, vor Ort Kontakte zu pflegen! Ich hatte das Gefühl, ihr wurde auch immer eingeredet, was sie sagen soll. Das Jugendamt konnte mir also auch nicht mehr helfen. Diese Situation würde sich in fast allen Fällen irgendwann wieder ändern, hieß es. In einer Mail vom 9.Juli erinnerte ich Sven, an seine Aussage vom 27.02.2019: «Selbstverständlich werden wir das Kind auch weiterhin bestärken, ein gesundes und normales Verhältnis zu dir aufzubauen und regelmäßigen Kontakt pflegen». Der letzte Kontakt war über 6 Monate her und beruhte auf der Initiative meiner Tochter! Ich könnte schreien bei solchen verlogenen, gelogenen Aussagen. NICHTS. Absolut gar nichts in der Richtung tat er! Sätze nur geschrieben, um seine weiße Weste zu wahren! Da war ich mir sicher. Wir wären jetzt nicht hier, nicht so extrem und unfassbar schlimm, wenn ER sie wenigstens etwas bestärkt hätte, manche Dinge aufgeklärt hätte, auch zu seinen Fehlern gestanden hätte. Ihr zum Beispiel gesagt hätte, dass auch er nicht immer ehrlich zu mir gewesen war, dass er mir das eigentlich gar nicht so übelnehmen könne, dass trotz allem ich doch immer eine gute Mutter war und sie lieben würde und, und, und. NICHTS von alldem kam aus seinem Mund! Er freute sich eher über diese Situation. Er wollte mich ja so leiden sehen! In den ersten Tagen nach der Trennung musste ich mir ja Dinge anhören wie: «*wenn du irgendwann am Boden liegst, dann trete ich noch drauf*» Oder «*wenn du irgendwann nicht mehr damit rechnest, nehme ich dir alles. Du wirst es noch bitterlich bereuen, warte ab, wer zuletzt lacht, lacht am lautesten*» Und so weiter. Gut, dass ich alles an Schriftverkehr aufgehoben habe! In der Zeit vor und nach ihrem Besuch hier bei uns hatte sie auch ein paar Wochen lang absolutes Handyverbot. (auch andere Dinge wie CD hören, TV wurden untersagt) Aus Erziehungsgründen angeblich. Sie musste jeden Tag mindestens eine Stunde für die Schule lernen, musste jeden Abend zum Sport, obwohl sie hier zu mir sagte, dass ihr das alles zu viel sei, sie aber wiederum froh war, wenn sie das Haus dort verlassen konnte. Alles hat 2 Seiten. In der Schule war sie deutlich besser geworden. (Aber unter welchen Umständen. !?) Ich konnte sie in der Zeit aber nicht erreichen, um einen Kontakt herzustellen. Der Vater antwortete mir, dass deren Festnetznummer zur Verfügung stünde. Ja da hat er recht. Es muss ja nicht immer Handy sein. Aber ihm wird auch bewusst gewesen sein, dass der Fall, dass ich dort anrufe in der Hoffnung mit Lisa zu sprechen, wohl kaum eingetreten wäre, womöglich hätte ich ihn oder Diana am Telefon gehabt. Und ganz ehrlich, ich glaube, sie hätten dann sogar behauptet, dass Lisa zufällig gerade nicht da sei. Auch einmal auf meine Frage, wie sie in der Schule sei, kam nur, da müsste ich mich an die Schule wenden. Toll! Welche Schule, wusste ich. Aber mehr auch nicht. Ich rief dann im Sekretariat an. Stellte mich als Mutter vor. Wüsste aber nicht, welche Klassenlehrer sie habe. Doofes Gefühl! Ich bekam die E-Mail-Adresse von ihrer Klassenlehrerin, so dass ich mich persönlich dann am Telefon vorstellen konnte. Auch sie fand es gut, auch einmal meine Geschichte anzuhören. Sie wusste das alles nicht. Ihr wurde nur gesagt das kein Kontakt zur Mutter bestünde. Ich erzählte ihr auch von meinen Sorgen und sie versprach, ein Auge darauf zu haben. Aber sie beruhigte mich, indem sie von ihren guten schulischen Noten und sozialen Kontakten berichtete.

Mit solchen Aktionen wurde es immer schlimmer. Obwohl, schlimmer ging es ja kaum noch. Ich hatte Sven nämlich sehr wohl anfänglich unaufgefordert von schulischen Veränderungen der Geschwister berichtet. Aber er fragte MICH ja NIE. Wenn, dann direkt die Kinder. Ist ja auch in Ordnung, aber ICH konnte meine Tochter nicht persönlich fragen. Da kam dann immer mal das Thema, ‚gemeinsames Sorgerecht‘ auf. Was gehört dazu, was muss man mitteilen? Mir wurde auch nicht mitgeteilt, dass ihre Firmung stattgefunden hatte, nicht der Aufenthaltsort ihres Feriencamps, von einem Krankenhausaufenthalt erfuhr ich rein zufällig. Ich erfuhr also gar nichts von alleine! Dann die Zahnspangen Geschichte! Das war jetzt das letzte Ereignis.

DIE ZAHNSPANGENGESCHICHTE

Lisa trug seit Jahren eine Klammer. Erst eine lose, dann eine feste. Bei der Scheidung einigten wir uns darüber, dass ich ab dem Zeitpunkt alleine die Rechnungen bezahlen würde, und ich dann nach erfolgreichem Abschluss die Erstattung meines alleinigen Beitrags erhalten würde. Da ich bis Ende 2019 keinerlei Infos über den aktuellen Stand mitgeteilt bekommen habe, kontaktierte ich ihren Kieferorthopäden. Bei der Gelegenheit erfuhr ich, dass sie schon längst nicht mehr dort in Behandlung sei! Dass die Zahnspange aber entfernt worden, der Abschlussbericht fertig und somit die Behandlung eigentlich abgeschlossen sei. Aber die Eltern seien nicht einverstanden mit dem Abschluss. Seien nicht zufrieden und würden mit dem neuen Orthopäden eine weitere Behandlung wünschen. Ich klärte die Praxis erst einmal darüber auf, dass ‚die Eltern' ja schon mal nicht stimmen könnte! Ich sei die Mutter und habe keine Information bekommen. Wir haben ein geteiltes Sorgerecht, das Kind läuft über meine Versicherung, und ich habe die Kosten übernommen. Und ich bekomme keine Info? Die Praxis war sehr verständnisvoll und konnte meine Reaktion auch vollends verstehen. Sie entschuldigten sich und erklärten, dass die Frau sich immer mit unserem Familiennamen vorgestellt hatte, den sie nach der Hochzeit mit Sven von ihm angenommen hatte. Sie hätte aber nicht richtiggestellt, dass sie nur die Stiefmutter sei. Sie gaben mir die Kontaktdaten des weiterbehandelnden Zahnarztes dort.

Die Arzthelferin legte ungefragt los «Wir wollten eh noch einen Termin mit Ihnen zum weiteren Ablauf vereinbaren. Gut, dass Sie sich melden! Sie waren doch letzte Woche gerade noch bei uns»
«Moment, war ich nicht!» Auch da klärte ich über die Situation auf. Auch sie war sichtlich überrascht. Natürlich sei ich als Versicherungsnehmerin und Sorgerechtsperson die erste Ansprechpartnerin! Ich erfuhr dann von ihr ein paar Details. Ich wollte erst einmal mit meiner Krankenkasse sprechen und eventuell eine Info von Sven erhalten. Die Praxis sagte mir, sie würden dann für weitere Maßnahmen mein Einverständnis benötigen. Das lehnte ich in diesem Moment zunächst ab. Ich wollte wissen, um was es geht. Und nicht einfach übergangen werden. Finde, das ist durchaus nachvollziehbar! Meine Krankenkasse informierte mich auch, dass der Vater die Absicht habe, gegen das Gutachten vorzugehen. Obwohl die Behandlung mit Erfolg abgeschlossen worden war! Die Praxis verstand die Reaktion auch nicht, und sogar die Krankenkasse äußerte sich sehr zurückhaltend. Es wurde dann von Sven Widerspruch eingereicht. Auch dieser wurde erneut abgelehnt. Ich habe, wie gesagt, die Befunde gelesen. Ich habe mir selber den Bericht vom neuen behandelnden Zahnarzt zukommen lassen. Es ist mir mittlerweile egal, wie die weitere Behandlung aussieht. Aber die Art und Weise, wie jetzt sofort anwaltlich dagegen vorgegangen wird, ich wieder beschimpft werde, gefällt mir nicht. Man hätte mich nur einmal informieren, aufklären müssen.
Nicht Sven, sondern Lisa schrieb mich darauf dann am 17. Dezember 2019 an:
«Mama, wie du bestimmt weißt, hatte ich vor zwei Wochen einen Termin beim Jugendamt. Dabei wurde ich gefragt, ob ich denn deinen Brief lesen wolle. Nach

sehr langem Überlegen habe ich ihn mitgenommen und durchgelesen. Ich habe mir auch das Lied angehört. Ich finde es schön, dass du dich entschuldigt und erklärt hast. ABER wieso hast du jetzt mit meiner Gesundheit gespielt?!?! Ich brauche dir nicht erklären, warum ich nochmal eine Zahnspange brauche, oder was für Folgeschäden ich jetzt bekommen werde, weil du eine weitere Behandlung für mich und meine Gesundheit verhindert hast. Warum tust du das?!? Es scheint dir völlig egal zu sein. Wenn sogar mehrere Ärzte sagen, wie wichtig eine weitere Behandlung ist, weil meine vorherige nicht ausgereicht hat, und dass sie so ein Verhalten oder so eine Umgangsweise einer Mutter nicht nachvollziehen können?! Für eine Mutter liegt die Gesundheit ihrer Kinder eigentlich an erster Stelle, und ich kenne niemanden, der so etwas mit seiner Tochter machen würde! Absichtlich ihre Gesundheit zu gefährden und ihren Kiefer zu ruinieren. Nur weil Dr. Karlsburg die Behandlung für abgeschlossen erklärt hat, heißt es nicht, dass jetzt alles gut ist, im Gegenteil! Ein normaler Zahnarzt und ein Kieferorthopäde haben gesagt, dass ich eine katastrophale Verzahnung habe und ich dringend etwas dagegen tun muss, damit ich nicht noch mehr Probleme bekomme. Wie du immer sagst: Es gibt IMMER ZWEI Meinungen. Aus so einem Handeln kann ich nur schlussfolgern, dass dir meine Gesundheit total egal ist, und dass du es drauf anlegst, dass ich später Probleme bekommen werde. Ich finde es so schade und verletzend, dass du mir nun so etwas angetan hast»

Ich war mal wieder tief getroffen über diese Wortwahl. Und wieder alles falsch! Ich habe gar nichts abgelehnt! Die weitere Behandlung wurde erst einmal von der Krankenkasse abgelehnt. Die haben dann einen Gutachter geschickt, der auch abgelehnt hat. Damit habe ich gar nichts zu tun! Dass ich mit ihrer Gesundheit spiele? Als ob sie todkrank wäre! Ich muss fast schon lachen. Kiefer ruinieren, mir fehlen die Worte.

Auch das versuchte ich, ihr zu erklären. Dass ich für das Ergebnis des Zahngutachtens nichts könne:

«Was habe ich mit deinen Zähnen zu tun? Was kann ich für eine angeblich nicht ordentliche Behandlung? Was kann ich für das Ergebnis des Zahngutachtens? Was kann ich dafür, dass die Kasse auf dieser Basis eine weitere Behandlung ablehnt? WAS? Es ist schön, einfach immer für alles einen Sündenbock zu haben, richtig! Ich habe zu keinem Zeitpunkt je eine Information von deinem Vater bekommen. Wie soll ich da richtig entscheiden? Das Gutachten, wer hat das beauftragt? Ich nicht! Nun hast du den Salat und ich die Schuld. Ich habe bei ALLEN deinen Ärzten angerufen, nachgefragt und mir wurde von KEINER Seite gesagt, dass eine Behandlung UNBEDINGT notwendig ist! Wie kommst du also darauf, dass alle dem zustimmen? Selbst dein neuer Arzt hat sich gegenüber der Kasse so geäußert, habe ich von dort erfahren. Tut mir leid, aber hier werden offensichtlich mehrere Wahrheiten verbreitet. Jeder bekommt immer das zu hören, was er auch hören will! Was willst du also nun von mir? Ich habe deinem Vater schon mitgeteilt, dass er meine Zustimmung erhält für JEDE weitere Behandlung. Es wird doch jetzt nicht am Geld scheitern, oder? Wenn es doch so wichtig für deine Gesundheit ist. Und selbst dein Arzt hat deinem Vater empfohlen, einfach mal mit mir zu reden. Aber nein - soll die Alte sich ihre Infos mal selbst holen! Lisa, du

kannst mir jederzeit auf diesem Wege schreiben, aber hör endlich auf, dich immer nur mit Anschuldigungen bei mir zu melden. Frohe Weihnachten!»

Puh. Aber das musste mal raus! Auch wenn es wie immer ohne Erfolg war. Sie schrieb, dass es ihr jetzt reichen würde, ob ich nicht selber über meine Lügengeschichten lachen müsse! Dass sie mir jetzt nicht mehr schreiben würde. Ein «Mach's gut» war das Ende! Das ist so traurig alles. Und das alles nur von ihr. Nicht ein einziges Mal hat ihr Vater mich persönlich angeschrieben beziehungsweise mich aufgeklärt.

Und das mit dem Unterhalt. Ich bezahle Unterhalt. Nur zurzeit nicht so viel wie vom Vater erwünscht. Es wird gerade geprüft, wie viel ich überhaupt in der Lage bin zu zahlen. Aber ihr wird erzählt

« du bist deiner Mutter so egal, deine Gesundheit, alles, und noch nicht mal Unterhalt bezahlt sie «

Ich könnte an die Decke gehen, echt! Manchmal kann man meine Lisa ja fast schon verstehen. Ihren Groll mir gegenüber. Kein Wunder nachdem, was ihr alles erzählt wird!

Kurz darauf bekam ich Post von Svens Anwalt. Ich solle die Zustimmung zur Weiterbehandlung geben. Dass der Kindsvater noch wegen der Kostenübernahme im Gespräch mit meiner Krankenkasse sei. Der letzte Absatz lautete:

«Bei einer Verweigerung der Zustimmung zur Durchführung der kieferorthopädischen Behandlung werden wir unserer Mandantschaft anraten, zur Meidung weiterer Probleme in der Zukunft zumindest teilweise das alleinige Sorgerecht für die Tochter zu beantragen»

Ich hatte Sven sogar in einer E-Mail im Dezember schon meine Zustimmung gegeben. Für weitere Behandlungen. Aber ohne Kostenübernahme meinerseits.

Ich gab dann der Praxis schriftlich meine Zustimmung und informierte auch das Jugendamt über den Vorgang. Mittlerweile wurde Sven empfohlen, seinen Widerspruch zurückzunehmen! Davon weiß meine Tochter natürlich nichts. Lisa wurde natürlich auch nicht erzählt, dass ich Sven schon im Dezember 2019 per Mail meine Zustimmung mitgeteilt habe! Lisa schrieb sogar meine Mutter an, mit der Bitte, mich zur Vernunft zu bringen! Meine Mutter versuchte, ihr auch etwas zu erklären, aber dass sie aus so etwas herausgehalten werden möchte. Dass sie sich gerne austauschen können, aber nur Mama und Papa das auf der Elternebene klären können! Das wurde natürlich auch wieder negativ kommentiert. Ach, es war alles so sinnlos!

Vor ein paar Wochen sah ich ein Bild von Lisa mit Freunden auf meinem Instagram Account. Ich war irgendwie froh, dass ich das Bild sehen konnte. Das hieße nämlich, dass sie mich dort noch nicht blockiert hatte. Ich überlegte hin und her. Man hat ja trotz alldem irgendwie immer einen Funken Hoffnung in sich. Das ist ein Zeichen. Sie will, dass ich das sehe, vielleicht freut sie sich, wenn ich das Bild mit ‚Gefällt mir' markiere? Ich tat es! Es dauerte gar nicht lange, da kam auf Instagram eine Nachricht an mich zurück:

«Ich lege keinen Wert auf Likes von Personen wie dir! Du schadest mir bewusst und kapierst nicht, dass DU alleine die Verantwortung für den Zustand trägst,

dass ich nichts mehr von dir wissen will! Mit jedem frechen Brief und jeder Aktion von dir versaust du es dir selber. Trag endlich Verantwortung für deine Handlungen, schick mir per Brief deine Zustimmung für die Kieferorthopädische Behandlung und schieb nie wieder die Schuld auf Andere. Ich habe schon einmal deine Lügen vor dem Jugendamt geradegerückt und zu deinem Brief an den Anwalt werde ich wenn nötig auch Stellung nehmen. Hör endlich auf. Ich finde es erbärmlich von dir, Papa zum wiederholten Mal Dinge zu unterstellen und ihn vor uns Kindern schlecht zu machen. Papa ist der beste Papa, den man sich wünschen kann und war und ist immer für mich da, was du nicht bist und warst. Wenn du noch einmal sagen solltest, dass man Papa das Sorgerecht entziehen sollte und er seinen Pflichten nicht nachkommt obwohl du noch nie über meine Geschwister etwas mitgeteilt hast, werde ich das nicht ohne weiteres stehen lassen. Was für eine Mutter bist du, dass du mir mit Absicht schadest und mich von Anfang an merken gelassen hast, dass es dir nur ums Geld geht. Die Situation jetzt ist allein deine Schuld, NICHT Papas, Dianas oder meine. Solltest du auch noch einmal falsche Anschuldigungen gegen Diana stellen werde ich gegen dich aussagen. Sie habe sich mir als meine Mutter ausgegeben! ICH war doch immer dabei. Mir reicht es jetzt! Ich habe Schmerzen und Probleme und möchte sofort deine Zustimmung per Post. Schick sie mir sofort zu. Das was du zuletzt dem Anwalt im letzten Satz geschrieben hast hättest du dir sparen können. Das was du mit mir seit dem Umzug zu Papa gemacht hast, hat nichts mit Liebe zu tun! Sondern nur mit Eifersucht und Hass, und das hast du mich von Anfang an spüren lassen»

Man kann sich vorstellen wie ich mich fühle, wenn ich so etwas lese, jeder Satz schmerzt unheimlich! Jedes Mal muss ich gegen Tränen ankämpfen. Das war doch nicht Lisa, das konnte doch nicht sein! Diese Ohnmacht. Am liebsten würde ich sie schütteln! Irgendwie zur Besinnung bringen. Es fängt an bei dem Satz, dass ich Sven vor den Kindern schlechtmachen würde. Wie kommt sie auf so etwas? Ich habe mit ihr keinen Kontakt, und meine beiden Kleinen wissen ja, dass es nicht so ist und können Lisa in der Richtung auch nichts erzählt haben. Also geht sie einfach davon aus, dass es wohl so ist. Und ich habe nie gesagt, dass ich Papa das Sorgerecht entziehen wolle oder sonstiges. Kein einziges Mal. Dass er seinen Pflichten nicht nachkommt, ja, das habe ich seinem Anwalt mitgeteilt und meinte seine Mitteilungspflicht. Nichts Anderes. Aber auch da frage ich mich, warum Lisa ständig alles mitlesen darf, was uns Erwachsene betrifft! Das sollte sie doch nicht belasten! Und sie sollte sich nicht um derartige Belange kümmern müssen. Ich bin nach wie vor überzeugt, dass fast alles, was sie schreibt, aus den Köpfen von Sven und Diana kommen. Ich kann oft in den Zeilen unterscheiden. Wenn es alleine von ihr kommt, oder, wenn da jemand mitmischt.

Sie ist für mich wie eine Marionette ihres Vaters geworden. Diese Ausdrucksweisen, so wie Sven auch immer geschrieben hat! Und als Lisas Nachrichten in Kopie ans Jugendamt geschickt worden sind (Natürlich immer nur diese, die für sie gut waren und mich ins schlechte Licht gerückt haben), das macht doch nicht eine 15-jährige von alleine? Dazu wurde ihr von ihrem Vater geraten.

Sie macht das was ihr Vater möchte. Sie möchte Harmonie. Sie wollten von Anfang an nicht, dass ich mich mit meiner Tochter alleine treffe. Aus Angst ich könnte was richtigstellen, dass Lisa wo möglich wieder leichte Gefühle für mich entwickeln könnte. Sie scheint für mich nicht mehr Herr der eigenen Wünsche -Gefühle zu sein. Sie macht alles dafür, dass nie wieder so eine Situation entsteht wie im Januar hier bei uns. Als es ihr dort so schlecht ging.

Am 12. Februar 2020 um 20.15 Uhr kam auf ARD der Film «Weil du mir gehörst « mit den Schauspielern Julia Koschlitz und Felix Klare. In dem Film geht es genau darum. Um die subtile Kindesentfremdung. Ein Elternteil so schlecht reden, dass das Kind diese Denkweise übernimmt. Ich habe viele kleine und auch große Verhaltensbeispiele gefunden, die Ähnlichkeiten mit meiner Geschichte aufweisen. In dem Fall hatte die Story einen Funken Hoffnung am Ende, da sie einen richtig guten Richter hatten, der eine Therapie der Eltern empfahl und regelmäßige Treffen des Kindes mit dem entfremdeten Elternteil anordnete! Auch wenn die Gefahr bestand, dass es vielleicht schon zu spät war. Das Kind war schon zu sehr manipuliert. Es war so traurig, dass mit anzusehen. Weil es, wie bei uns auch, so ein sinnloser Hass war. Der einfach nur deshalb entstand, weil man als Eltern mehr an sich gedacht hat, und an den eigenen Hass. Meine kleine Tochter wollte sich neulich ein paar Babybilder von sich anschauen. Wir stöberten also in den Kisten mit den Dutzend Alben. Ein Großteil der Alben sind die von Lisa. Nun ja, sie war die Erste. Und somit auch auf vielen Bildern einfach auch mit darauf. So schöne Bilder, von der für die Kinder noch heilen Welt! Es tut schon weh, wenn man sich dessen bewusst ist. Deshalb ist es umso schlimmer, dass es so eskalieren musste! Und wie traurig auch für meine große Tochter, wenn sie die Bilder irgendwann einmal anschaut und feststellen muss, dass zu keinem der auf vielen Bildern vorkommenden ehemals Vertrauten, noch Kontakt besteht?

PAS = PARENTAL ALIENATION SYNDROM

Nach diesem besagten Film, in dem es um das PAS Syndrom ging, druckte mein Freund mir eine Studie aus, die ich sehr aufschlussreich und interessant für meine Einschätzung fand. Es heißt: ‚PAS- Ein Zwei-Phasen-Modell' von Uwe Jopt und Katharina Behrend. (Studie der Universität Bielefeld NRW) Ich würde gerne ein paar Sätze aus dem Inhalt zitieren, die, wie ich finde, deutlich machen, dass es bei uns genauso passiert ist.

«Die größten Auswirkungen hat Trennung auf die Beziehungen aller Beteiligten, wobei bei den Erwachsenen vor allem die Kommunikation gestört, während auf Seiten des Kindes meist der Kontakt zum getrenntlebenden Elternteil betroffen ist. Dies ist die Folge der elterlichen Spannungen, die u.U. solch gravierende seelische Belastungen auslösen können, dass das Kind jegliche Besuche zumindest vorübergehend einstellen möchte. Kontaktprobleme, bis hin zur Besuchsverweigerung, gehören somit geradezu zur Normalität einer Trennungsphase. Sie klingen allerdings sofort wieder ab, sobald sich die Beziehung zwischen den Eltern entspannt. Bedenklich werden sie erst dann, wenn die Erwachsenen-wobei einer allein bereits genügt-selbst nach längerer Zeit immer noch nicht in der Lage sind, ihre wechselseitige Unversöhnlichkeit wieder abzubauen. Denn dann ist das Kind gezwungen, zwischen zwei isolierten und unverbundenen (Liebes-) Welten in einer Art «paralleler Elternschaft» zwischen Mutter und Vater hin und her zu pendeln. Eine Zumutung, die mit erheblichen Schädigungen der kindlichen Persönlichkeit einhergeht.

(Furstenberg&Cherlin, 1993). Viele Trennungskinder haben nicht die Kraft, solche Wechselbäder dauerhaft auszuhalten und brechen irgendwann ohne ersichtlichen Grund den Kontakt zu einem Elternteil ab, (Napp-Peters, 1995). Neben solchen Kindern, die Kontakte vorübergehend ablehnen, um sich auf diese Weise der spannungsgeladenen Atmosphäre zwischen ihren Eltern zu entziehen, gibt es noch eine andere, wesentlich kleinere Gruppe, die zwar ebenso reagiert. Hier kommt jedoch hinzu, dass die Kinder ihre Ablehnung zugleich mit massiven Verbalattacken, Anklagen, Abwertungen, Beschimpfungen und Beleidigungen dieses Elternteils verknüpfen. Zugleich stehen sie in absoluter Loyalität zum Betreuenden. Ihn schildern sie in den rosigsten Farben als im Grunde «vollkommenen Menschen» Da stets auch dieser Erwachsene dem früheren Partner gegenüber extrem negativ eingestellt ist, sieht sich der Ausgegrenzte- als Ehepartner und Elternteil- einer «Koalition der Feindseligkeit « gegenüber»

Sven und ich haben es bis heute nicht geschafft, unsere gegenseitige spannungsgeladene Atmosphäre abzubauen. Es hat aber wahrscheinlich auch keiner ernsthaft versucht. In den letzten Monaten zumindest nicht mehr. (Ich erinnere an die Situation, als ich am Anfang versucht habe einen normalen Kontakt herzustellen, als ich an der Haustür der Gegenseite klingelte, um Diana kennenzulernen. Was ja ganz schnell schlecht geredet wurde) Jetzt ist es wie eine Spirale. Keiner gibt auf, oder nach. Was auch immer, seien es Arztbesuche, Unterhalt oder Besuchstermine- immer wird versucht, es für den anderen möglichst schwierig zu gestalten. Ich finde, der zitierte Text leuchtet ein. Dass ein Kind das so nicht aushält.

Und dass Lisa ihren Vater jetzt in den rosigsten Farben schildert. Ich zitiere sie: «Papa ist der beste Papa, den man sich wünschen kann und war und ist immer für mich da, was du nicht bist und warst» Dazu ihre Beschimpfungen in jeder geschriebenen Nachricht an mich. Das ist genauso wie oben beschrieben!

«[1]Die zentrale Voraussetzung für die Entstehung eines PA-Syndroms besteht in einer subtilen Beeinflussung des Kindes durch den betreuenden Elternteil, mit dem Ziel, dass es die eigene ablehnende Haltung gegenüber dem Ex-Partner teilt. (Gardner). Diesen Prozess der Einflussnahme – der zumeist bewusst beginnt, nach und nach aber auch automatisiert und damit eher unbewusst ablaufen kann – bezeichnet er als «Programmierung beziehungsweise GEHIRNWÄSCHE» (stauch Clawar&Rivlin, 1991) Zur Frage, warum Kinder überhaupt derart extrem beeinflussbar sind, nimmt Gardner an, dass *«ihre einseitige Parteinahme eine Art COPINGSTRATEGIE darstellt, um sich einem auf Dauer unerträglichen Konflikt zu entziehen. Sie spüren, dass sie den Betreuenden enttäuschen würden, wenn sie ihre Liebe zum anderen offen zeigten»*

Und genauso ist es doch? Noch im Januar 2019 (als Lisa Kontakt gesucht und uns anvertraut hatte) hätte ihr Vater zu diesem Zeitpunkt hinter dieser Situation gestanden und sie unterstützt, dann wären wir heute nicht da, wo wir jetzt sind. Stattdessen hat er ihren Besuch bei uns und alles,

---

[1] PAS- Ein Zwei-Phasen-Modell' von Uwe Jopt und Katharina Behrend. (Studie der Universität Bielefeld NRW)

was dazu gehörte, missbilligt, was Feindseligkeiten zur Folge hatte. Ich habe doch jeglichen Schriftverkehr. Die Angst meiner Tochter, mich anzurufen, nur heimlich hat sie sich getraut. Die Aussage meines Sohnes «*Mama, wenn dort dein Name fällt, herrscht gleich schlechte Stimmung*» Der Satz von Sven an Lisa: «*Denk daran, was wir für dich die letzten Monate alles getan haben. Wenn du zu Mama ziehst, brauchst du nicht mehr zurückzukommen*» Das alles ist doch so einleuchtend? Sie hat Papa die Termine, die wir hier eigentlich besprochen hatten, nie gezeigt. Angst! Den Brief an Papa, den sie hier geschrieben hatte. Nie abgegeben. Angst!

«[2] *Doch gleichwie: Wenn ein Trennungskind – ohne nachvollziehbaren Grund! - einen bis dahin geliebten und fest in sein Leben eingebundenen Elternteil plötzlich ablehnt und ihn regelrecht zum «Monster» erklärt, dann verschlägt dies selbst dem Professionellen die Sprache, macht beklommen und hilflos. Insofern unterschätzt jeder, der PAS lediglich als eine Möglichkeit ansieht, selbstschützend auf die Spannungen und Konflikte zwischen Trennungseltern zu reagieren, die wahren psychischen Dimensionen dieses Syndroms gewaltig. Denn tatsächlich ist es natürlich absolut wirklichkeitsfremd und widerspricht auch jeglicher Erfahrung, dass ein Kind ganz ohne Grund mit den eigenen Eltern nichts mehr zu tun haben will*»

---

[2] PAS- Ein Zwei-Phasen-Modell' von Uwe Jopt und Katharina Behrend. (Studie der Universität Bielefeld NRW)

Lisa würde jetzt wahrscheinlich sagen «*Mama, ich hatte genügend Gründe, DU hast... DU bist...*» und so weiter und so fort. Dann würden wieder ihre ganzen Beschuldigungen kommen. Und sie ist ja nun so gepolt, dass sie das alles glaubt was sie sagt und schreibt. (Gehirnwäsche) Ohne mir ein einziges Mal in die Augen dabei geschaut zu haben, ohne mir nur ein einziges Mal die Chance auf eine Erklärung, auf ein Gespräch gegeben zu haben.

«[3] *Und bedenkt man weiter, dass der gemiedene Elternteil trotz Kontaktlosigkeit oder treffender: gerade wegen ihr- immer wieder in den Fantasien des Kindes auftaucht und dabei jedes Mal aufs Neue Gefühle von Wut und Enttäuschung, aber auch zugleich von Hilfslosigkeit und Trauer freisetzt, dann wird deutlich, dass es die Linderungen des Faktors «Zeit», der ansonsten jedes Trauma eines einschneidenden menschlichen Verlusts allmählich verblassen lässt, für ein PAS Kind nicht gibt. Aber auch aus Sicht des abgelehnten Elternteils sind die Folgen nicht weniger dramatisch. Auch für ihn ist die Ablehnung durch das eigene Kind durchaus mit einer Todeserfahrung vergleichbar, da Kinder grundsätzlich ebenso exklusive, nicht austauschbare Liebespersonen für ihre Eltern sind wie umgekehrt. Deshalb bewahrt der betroffene Elternteil, trotz der Härte, mit der sein Kind ihn u.U. für das ganze weitere Leben ausgrenzt, sein Leben lang die Erinnerungen an eine gemeinsame Liebesgeschichte, an sein «wirkliches» Kind, immer verbunden mit der*

---

[3] PAS- Ein Zwei-Phasen-Modell' von Uwe Jopt und Katharina Behrend. (Studie der Universität Bielefeld NRW)

Hoffnung auf eine irgendwann und irgendwie doch noch eintretende ‚Wende‘. Da der Verlust zugleich mit dem Wissen einhergeht, dass das Kind eben nicht tot ist, ist auch dem Erwachsenen ein echter innerer Abschied letztlich unmöglich»

Ich kann dem nur zustimmen. Ich bin schon oft weinend zusammengebrochen und immer wieder schluchzend «*Ich habe mein Baby verloren*» von mir gegeben. Und alle tröstenden Worte «*nein du hast sie nicht verloren. Dein Kind bleibt immer dein Kind*» und so weiter, helfen dann nicht. Irgendwann gewöhnt man sich an dieses Gefühl. Es tut auch weniger weh. Aber es bleibt immer da. Man lernt besser, damit zu leben. Die Gefühle variieren auch. Ich habe mich auch selber schon dabei ertappt, lieber so zu denken: «*Du blöde Kuh Lisa! Wirst es hoffentlich irgendwann bereuen! Wie kannst du bloß so über mich, deine Mama, denken! Du kennst mich doch. Sprich lieber endlich mal mit mir. Aber dazu bist du ja zu feige. Kannst nur schreiben. Dabei musst du mich ja nicht sehen*» Mal kann man besser damit umgehen, mal schlechter. Aber es wird mich mein Leben begleiten.

Ein Satz, den ich gut fand, «*Erwachsene sind natürlich auch viel ungeduldiger in der Hoffnung, dass sich irgendwann noch einmal etwas ändern wird, weil uns bewusst ist, dass man viele Sachen später einfach nicht mehr nachholen kann*»

Ich hatte mich zum Beispiel damals immer schon darauf gefreut, mit ihr das erste Mal zum Frauenarzt zu gehen. Sie zu begleiten. Ihr die Angst zu nehmen. Oder der erste richtige Freund. Ihr erster richtiger Kuss. Ach, so vieles hätte ich gerne mitbekommen.

« [4] *Fazit: Wie immer sich der Ausgegrenzte auch verhält, inneren Frieden findet er nicht, da ihm weder eine Verabschiedung vom Kind, noch der Zugang zu ihm gelingt. Womit sich die Spirale aus Hoffnung, Verzweiflung und Entsetzen stetig weiterdreht. Dennoch kann man davon ausgehen, dass Erwachsene- aufgrund ihrer reiferen Persönlichkeit- den psychischen Stress der Zurückweisung noch am ehesten verkraften können. Denn aufgrund ihrer noch nicht ausgereiften Persönlichkeit ist die Vulnerabilität von Kindern ein Vielfaches größer, so dass bei ihnen gravierende Beeinträchtigungen in Bezug auf Identität, Vertrauen, Liebes- und Beziehungsfähigkeit fast sicher vorhersagbare Spätfolgen sind»* (vgl. Busse, 1999)

Ich wünsche ihr in der Hinsicht ganz viel Glück, Kraft und Stärke. Sorge habe ich allerdings auch. Da sie ja auch ein sehr sensibles Mädchen ist. Immer war.

«Wenn PAS jedoch nur an einer Seite des Betreuenden auftritt, das aber auch nicht immer, dann muss die Entstehung logischerweise sowohl mit den Wohnverhältnissen des Kindes, den äußeren Rahmenbedingungen, als auch mit Merkmalen der zusammenlebenden Personen zu tun haben» (Gardner)

Die Autoren dieser Studie sind zwar auch davon überzeugt, dass die zentrale Bedeutung dieses Elternteils, wo das Kind lebt, eine maßgebende Rolle

---

[4] PAS- Ein Zwei-Phasen-Modell' von Uwe Jopt und Katharina Behrend. (Studie der Universität Bielefeld NRW)

für das PAS spielt, aber das DIESE nicht willentlich eine Entfremdung herbeiführt. Das heißt mit anderen Worten, der betreuende Elternteil ist sich nicht bewusst, die Liebe des Kindes zum anderen Elternteil zu zerstören. Das diese Einflussnahmen eher subtil und verdeckt, also unwissentlich erfolgen. Der oder diejenige gar nicht merkt, was er seinem Kind damit antut. Man schließe nicht aus, dass es auch vorkommt, dass Kinder wissentlich manipuliert werden. Aber dies ist kaum nachweisbar, da jeder Erwachsene dies selbst bestreiten würde! Was ich glaube? Ich glaube beides. Vieles geschieht unbewusst, aber vieles auch bewusst. Und ich würde darauf wetten, dass Sven die Gefühlslage begrüßt, (Lisa hasst mich), die ihn sogar in seiner Haltung bestärkt.

Seine Sätze bei der Trennung:
«*Wenn du nicht mehr daran denkst, wird es dich hart treffen, verlass dich darauf. Du wirst es bitterlich bereuen. Mach dich auf was gefasst, du wirst die Quittung bekommen, wirst auf die Schnauze fallen, und ich freue mich dann dabei zu sein*»

So was vergisst man nicht. Ich habe alles schriftlich. Man könnte sonst ja meinen, ich hätte mir das ausgedacht!
Aber, es kommt ihm anscheinend gar nicht in den Sinn, wie sehr er Lisa damit schadet!

Zu der Instrumentalisierung merkt die Studie an:
« [5] *dass nach einer Trennung zwei gleichermaßen*

---

[5] PAS- Ein Zwei-Phasen-Modell' von Uwe Jopt und Katharina Behrend. (Studie der Universität Bielefeld NRW)

Betroffene (Kind und Elternteil) unter einem Dach leben. Sie sich zwar in den Ursachen hinsichtlich ihres Seelenzustands unterscheiden (der Elternteil leidet wegen des Verhaltens des Ex Partners, das Kind wegen dessen Abwesenheit), aber der Verursacher des Ganzen ist für Beide die gleiche Person. In dem Fall ich. «Normalerweise würde der Elternteil, der beim Kind ist, es auffangen, trösten. Aber manchmal gelingt das nicht, weil der Erwachsene selber noch so unter diesem Verhalten des Partners leidet, dass er gar nicht in der Lage ist, den psychischen Schutzbedarf des Kindes wahrzunehmen und dementsprechend zu reagieren. Geschweige ihn zu erkennen! Es wird hier sogar davon gesprochen das in diesem Zustand höchster Anspannung und größter Verletztheit die Person selber Unterstützung und Verständnis einfordert. Also somit gar nicht entsprechend auf das Kind eingehen kann. Das Kind wird eher zum Tröster und Unterstützer des Elternteils. Gefährlich wird es nämlich dann auch, weil das Kind Zeuge oder sogar Ansprechpartner wird, obwohl das nicht seine Rolle sein dürfte. Denn aus der Sicht des Erwachsenen gibt es nur Anklagen, Aggressionen, Vorwürfe und Abwertungen zum anderen Elternteil. Das Kind erlebt so hautnah, wie tief die Trauer, Erschütterung, der Schmerz seinen Elternteil bewegt. Dafür müssen auch noch nicht einmal schlimme Worte fallen. Das versteht ein Kind auch so. Analog. Das erweckt bei allen Kindern eine Anteilnahme und Mitgefühl. Fakt: Grundsätzlich sollten Eltern ihren Kindern Stütze und Helfer sein, und nicht umgekehrt. Aus der Sache resultiert leider auch, dass mit diesem Verhalten der Elternteil seinem Kind auch gleichzeitig eine Erklärung dafür liefert, wer schuld an diesem Dilemma ist» (Watzlawick, Beavin&Jackson, 1982)

Ich vergesse auch nicht den Satz, den Sven zu meinen Kindern gesagt hat. «*Mama ist an allem schuld. Ich hätte euch nicht verlassen*» Auch das haben mir die Kinder erzählt. Das stimmt für mich alles überein. Als ob diese Studie für mich geschrieben ist! Auf jeden Fall gibt es mir die Bestätigung, dass ich nicht alleine damit bin. Dass es Menschen gibt, die hinter die Fassade schauen können! Ein Satz der mich etwas beruhigt:

«[6]*Insofern bedeutet jede einseitige Loyalität niemals eine Entscheidung gegen den anderen, wenngleich viele Eltern dies auch glauben. Doch tatsächlich belastet nichts ein Kind stärker, als für eine Entscheidung zugunsten eines seiner Eltern in die Rolle ‚des Züngleins an der Waage' gedrängt zu werden*»

Die Studie führt weiter aus:

«*Erwartungshaltung des betreuenden Elternteils (in dem Fall Sven) ist jedoch nicht nur eine Sache der ‚moralischen Parteinahme' von Kindern. Allein ihre Bereitschaft zur Allianz mit dem Betreuenden reicht noch nicht aus, das Syndrom zu erklären. Hinzukommen muss vielmehr auf Seiten des Betreuenden ein ausgeprägtes Bedürfnis sowohl nach mitfühlender Anteilnahme als auch nach praktizierter Solidarität. Der Unterschied zwischen beiden besteht darin, dass im ersten Fall trotz trostreicher und verständnisvoller Worte immer noch*

---

[6] PAS- Ein Zwei-Phasen-Modell' von Uwe Jopt und Katharina Behrend. (Studie der Universität Bielefeld NRW)

genug Distanz zum Betroffenen (ich) gewahrt werden kann. Solidarisches Verhalten jedoch geht über eine nur verbale Unterstützung hinaus, da jetzt verlangt wird, dass der ‚Gegner' vom Anteil nehmenden genauso abweisend und herabsetzend behandelt wird wie vom Opfer selbst. In diesem Sinne ist häufig zu beobachten, wie die Feindseligkeiten zwischen Getrennten in der Regel lauffeuerartig auch auf Freunde oder Verwandte übergreifen und zur Ausbildung zweier Lager mit starkem Gruppendruck führen, die sich nicht weniger bekämpfen als das Paar selbst. Und so entsteht eine Solidargemeinschaft mit dem Kind, die es eigentlich nicht geben darf, weil vom Kind das gleiche Verhalten erwartet wird»

Und ähnlich ist es bei uns. Kein Kontakt mehr zu Freunden, Familien, Großeltern. Weil alle, die sich neutral verhalten haben, beziehungsweise es gewagt haben zu sagen, es gibt immer zwei Seiten, wir stellen uns nicht nur auf eine, wir sind für euch beide da, all denen wurde die Freundschaft seinerseits gekündigt. Samt geliebten Großeltern. Tochter macht es dem Vater gleich. Marionette!

«[7] Denn dahinter steht die Unterstellung, dass die kindliche Parteinahme ebenso Ausdruck eines eigenständigen und unbeeinflussten Willens sei, wie bei Erwachsenen. Womit das Kind vorübergehend in den Rang eines gleichwertigen Partners aufrückt»

---

[7] PAS- Ein Zwei-Phasen-Modell' von Uwe Jopt und Katharina Behrend. (Studie der Universität Bielefeld NRW)

Beispiel: Dass ihr alle Mails und Schreiben, die eigentlich nur für uns Eltern, Jugendamt, Anwalt bestimmt waren, vorgelegt wurden.

«[8] *Insofern besteht der entscheidende Beitrag des betreuenden Elternteils zur Manifestation von PAS darin, dass er es unterlässt, an dieser ausschlaggebenden Stelle als verantwortungsbewusster Erzieher aufzutreten und seinem Kind zu verbieten beziehungsweise es daran zu hindern, überhaupt gegen den anderen Elternteil Partei zu beziehen»*

Und das wird nie erfolgt sein. Im Gegenteil, es wurde verstärkt. Und jetzt kommt der nachfolgende Text ins Spiel:

«*Die logisch naheliegende Möglichkeit zur Dissonanzreduktion bestünde natürlich darin, den Kontakt zum ausgegrenzten Elternteil einfach wiederaufzunehmen. Doch diese Lösung ist dem PAS-Kind versperrt, weil sie vor dem Hintergrund der eingenommenen Solidarität einem Verrat gleichkäme»*

Lisa würde sich niemals trauen, auch wenn sie eine Mini Sekunde darüber nachdenken würde, irgendwie Kontakt zu mir zu suchen. Weil sie wüsste, dann wäre wieder schlechte Stimmung, subtil, es reicht ein Blick von Sven oder ein Satz mit Unterton. Zum Beispiel. «*wenn du das meinst....* » Ich glaube, sie verdrängt mich und das alte Leben. Um

---

[8] PAS- Ein Zwei-Phasen-Modell' von Uwe Jopt und Katharina Behrend. (Studie der Universität Bielefeld NRW)

bloß nicht in einem Gewissenskonflikt zu kommen. Und wenn sie Papa recht gibt, geht es ihr auch besser. In der Studie wird beschrieben, dass diese Verdrängung, dieses Verhalten dazu führt, dass für Außenstehende der Eindruck entsteht, dass Kind selbst habe offenbar keinerlei Probleme mit dem Verlust dieser Elternbeziehung. Und das habe ich mich oft gefragt. Wie kann sie so gefühllos sein? Liegt sie nicht manchmal abends im Bett und vermisst ihre Mami? Die Mami, die immer gut zu ihr war, die sehr wohl immer für sie da war, die mit ihr im Bett gekuschelt hat, zuletzt noch im Januar 2019. Sie wird nicht mit Diana kuscheln. Sie wird auch nicht mit ihrem Vater so kuscheln wie mit mir, schon gar nicht in ihrem Alter. Vermisst sie das nicht? Das kann doch nur Verdrängung sein. Und wie gerne würde ich mit ihr kuscheln und alles erklären, mit ihr Probleme verarbeiten. Sie hat eine Mutter! Aber sie lässt mich nicht. Es wird auch beschrieben, dass die kindliche Bereitschaft, sich trotz der Konfliktsituation, auf mich einzulassen, deutlich abnimmt. Weil ich dafür verantwortlich gemacht werde. ‚Du hast Papa bewusst weh getan, du bist an allem schuld' Jetzt lässt sich verstehen, dank welcher psychischen Mechanismen und Taktiken es dem PAS-Kind möglicherweise gelingt, einen zuvor fest ins emotionale Leben integrierten Elternteil so dauerhaft auszublenden. Es ist somit zu erwarten, dass sie selbst bei einer unmittelbaren Begegnung, zum Beispiel vor Gericht, bei ihrer Haltung bleibt. Das Kind lernt, dass ‚Aus-dem Weg-gehen' guttut. Ach, das ist alles so schlimm! Ich bin so froh, dass ich so viele gute Freunde habe. Die mich verstehen. Die das gleiche Gefühl bei der Sache haben. Die Lisa alle gut kannten. Keine von ihnen hätte das jemals von ihr gedacht. Dass sie sich so gegen mich stellt.

Ausgerechnet sie! Keiner. Im Kapitel Fremdverstärkung der Studie wird auch deutlich gemacht, dass egal was ich tu, alles falsch sein wird. Wenn ich nichts mache, ist es falsch. Da hört man ‚ich bin dir egal' und so weiter. Wenn ich vor Gericht gehen würde, weil ich das alles anzweifle, dann würde es heißen: ‚Jetzt zieht sie dieses arme Kind noch vor Gericht. Es hat es doch schwer genug. Wieder denkt die Mutter nur an sich. Was erhofft sie sich davon. Sie macht es damit nur noch schlimmer' Ich habe tatsächlich ein paar Mal daran gedacht, zum Gericht zu gehen. Dadurch hätte ich mir erhofft, dass Lisa gezwungen würde, mit mir zu sprechen. Dass ich sie zum Umdenken, zum Nachdenken anregen könnte. Aber mittlerweile glaube ich auch, dass sie dafür schon zu alt ist, dass es jetzt schon zu spät ist und ich tatsächlich alles noch schlimmer machen würde. Aber wer weiß das schon.

Dazu ist das Empfinden, die Sensibilität für dieses Syndrom, seitens der professionellen Richter und Anwälte zu wenig vorhanden.

«[9] *Denn die Annahme, dass das Kind in absehbarer Zeit wieder von selbst auf den abgelehnten Elternteil zugehen und zu einer normalen Beziehung zurückfinden wird, ist völlig unrealistisch. So lange es mit einem Elternteil zusammenlebt, der seiner Abgrenzung nicht widerspricht, sie möglicherweise im Stillen sogar begrüßt, läuft deshalb jede gerichtliche Aussetzung des Umgangsrechts auf einen staatlich legalisierten Beziehungstod des Kindes hinaus, einen*

---

[9] PAS- Ein Zwei-Phasen-Modell' von Uwe Jopt und Katharina Behrend. (Studie der Universität Bielefeld NRW)

irreversiblen Verlust, der es emotional verarmen und den betroffenen Elternteil dauerhaft leiden lässt. Und je länger der Zustand dauert, desto schlimmer wird die Entfremdung»

Und ich kann nur zuschauen. Dieser Absatz beschreibt auch wieder was ich denke. Sven begrüßt diese Situation. Und er fühlt sich ganz unschuldig dabei. Und ihm ist nicht bewusst, wie sehr er an dieser Situation beteiligt ist. Den nächsten Abschnitt muss ich unbedingt auch zitieren. Weil es einfach genauso den Anschein macht. Lisas Lehrerin, die Mitarbeiterin des Jugendamtes haben ja auch berichtet, dass sie einen guten Eindruck macht, gute Noten schreibt, engagiert sei im sozialen Umfeld:

« [10] Unglücklicherweise ist dies zum Zeitpunkt der gerichtlichen Einschaltung jedoch nicht unmittelbar zu erkennen. Denn da Elternteil wie Kind in vielen anderen Bereichen des Alltagslebens (Schule, Beruf) durchaus kompetent, engagiert und erfolgreich sind und nur dann auffällig werden, sobald der frühere Partner, real oder auch nur im Gespräch, auftaucht, entsteht leicht der Eindruck, die PAS-Dyade sei im Grunde eine intakte und weitgehend unbeschwerte Ein-Elternteil-Familie. Vor diesem Hintergrund sei die Ablehnungshaltung des Kindes lediglich eine hinzunehmende Art ‚Schönheitsfehler' von kurzer Dauer, zumal der Erwachsene (meist) beteuert, dass er selbst die sofortige Wiederaufnahme von Kontakten durchaus begrüßen würde, sofern nur auch das Kind selbst dies wolle» (s.

---

[10] PAS- Ein Zwei-Phasen-Modell' von Uwe Jopt und Katharina Behrend. (Studie der Universität Bielefeld NRW)

Salzgeber&Stadler, 1998; Lehmkuhl&Lehmkuhl, 1999)

Dass ich nicht lache! Sven hat genau das mal geschrieben:
«Es ist Lisas Entscheidung. Ich tu alles dafür das der Kontakt wieder besser wird»

Was tut er? Nichts! Nichts, was die Situation ändert. Ich könnte manchmal schreien vor Wut! Die Situation kann sich nur mit Unterstützung von Sven, zumindest Duldung und weiterer Hilfen ändern. Und die kleinste Chance auf einen Sinneswandel würde nur entstehen, wenn Sven das erkennen würde! Aber das ist nicht der Fall, weil er fest davon überzeugt ist, seiner elterlichen Verantwortung gewissenhaft nachzukommen. Ich bin hilflos in dieser Situation. Eine Familientherapie nach herkömmlicher Art ist für das PAS ungeeignet, da die Voraussetzung ja wäre, dass ich und Sven freiwillig daran teilnehmen und gemeinsam den Wunsch nach einer Lösung suchen würden. Für das Wohl des Kindes. Eine Chance, so wird beschrieben, wäre, das gemeinsame Gespräch am Runden Tisch mit dem Kind. Und dabei muss der ‚Moderator' mit Macht ausgestattet sein. Die er, wenn nötig, auch einsetzen würde, um mit Nachdruck auf falsche Einstellungen und Denkweisen der Eltern einwirken zu können. Und das könne nur ein psychologischer Sachverständiger, der vom Gericht bestellt wird. Der weiß, wie er mit einem Elternpaar, die sich kein gutes Wort wünschen, umgehen kann. Der erkennt, dass es sich um psychologische Einflüsse in Bezug auf das kindliche Verhalten handelt. Der uns zeigen und erklären könnte, wie wichtig es ist, unser Verhalten zu ändern. Leider sind solche

Sachverständige selten. Erforderliche Qualifizierungen auf breiter Basis fehlen leider noch. Wünschenswert wäre also eine Person mit zwei Funktionen. Ein Berater vom Gericht (ein sogenannter Gerichtspfleger), der sich alles anhört, der mit uns arbeitet, der aber auch Entscheidungen, wie ein juristischer Sachverständiger treffen darf. In der Regel bekommt das Gericht nämlich von dem Gerichtspfleger nur die Situation und seine Empfehlung mitgeteilt. Aber dann ist er raus. Und jemand anderes trifft eine Entscheidung. Und entweder man hat dann Pech oder man hat so ein Glück wie der Vater in dem Film «*Weil du mir gehörst*», der dem Ganzen zumindest eine Chance gegeben hat. Laut Studie haben Familiengerichte leider noch unzureichende Kenntnisse in Bezug auf Entwicklungs- und Beziehungspsychologie (unter anderem wegen fehlender Fortbildungen). Das einzige, was das Jugendamt für mich jetzt noch tun könnte wäre, dass es zunächst Sven, später ggf. dem Gericht gegenüber deutlich macht, dass man in der nicht nachvollziehbaren Verweigerungshaltung des Kindes und seiner Verunglimpfungskampagne die Folge einer unzulässigen Instrumentalisierung mit gravierenden Konsequenzen für die weitere Persönlichkeitsentwicklung erkennt. Weshalb die Behörde von Amtswegen zum Eingreifen aufgefordert wird. Und da haben sie mir ja schon wenig Hoffnung gegeben. Weil Lisa immer widerlegt, was ich richtigstellen wollte, mich des Lügens bezichtigt, betont, wie gut es ihr ginge. Und ein Gespräch mit mir hatte sie ja ohnehin immer wieder abgelehnt.

Ich könnte mir einen Rechtsbeistand nehmen. Tatsächlich habe ich mich auch bereits dazu mit einer auf Familienrecht spezialisierten Anwältin beraten. In der Studie ist dazu folgendes notiert:

«[11]*Auf den ersten Blick scheinen Rechtsanwälte in ihrem Rollenverständnis von PAS unberührt zu bleiben, da sie -vom Gesetz her zur ausschließlichen Interessenvertretung ihrer Mandantschaft verpflichtet- keinerlei Spielraum für irgendwelche Einflussnahmen auf ihre Auftraggeber zu haben scheinen. Mit der Folge, dass der eine sich für die Respektierung des kindlichen Wunsches nach Kontaktvermeidung einsetzt, während sein Kollege dafür plädiert, diesen Willen als manipuliert zu betrachten und deshalb nicht ernst zu nehmen. Diese Positionsunterschiede in Abhängigkeit davon, welche Elternseite man (zufällig) vertritt, sind elementare Bestandteile einer anwaltlichen Berufsrolle, die in erster Linie gebietet, den Streit für einen Mandanten ‚zu gewinnen‘ und nicht unbedingt ‚beizulegen‘. Dadurch hat aber zugleich die Art und Weise, wie diese Rolle vom Einzelnen ausgefüllt wird, ganz beträchtlichen Einfluss auf den Verlauf eines Verfahrens, da hiervon entscheidend abhängt, ob in einer Atmosphäre von Feindseligkeit und Gegnerschaft um ein für die Interessen der eigenen Partei möglichst günstiges Urteil gekämpft oder im Interesse des Kindes Entspannung zwischen den Parteien angestrebt und nach Wegen zur Auflösung seiner Instrumentalisierung gesucht wird. Wobei eine vom Auftragsinhalt weitgehend unabhängige Vertretung meist überwiegt (vgl. Rösner&Schade, 1989). Zwar beansprucht auch der Anwalt des*

---

[11] PAS- Ein Zwei-Phasen-Modell‘ von Uwe Jopt und Katharina Behrend. (Studie der Universität Bielefeld NRW)

Betreuenden, mit seinem Einsatz für den Mandanten letztlich Kindesinteressen zu vertreten. Doch dabei wird ungeprüft vorausgesetzt, dass dessen Ziele mit denen des Kindes gleichzusetzen sind. Dies scheint der ‚Kindeswille' zwar auch zu bestätigen, tatsächlich liegen bei PAS zwischen Verbal Aussage und psychischem Bedürfnis jedoch Welten, wie ausführlich dargelegt wurde. Nur wer diese Zusammenhänge nicht kennt, kann dem Irrtum erliegen, mit seinem professionellen Engagement für den Auftraggeber gleichzeitig zur Sicherung des Kindeswohls beizutragen. Insofern kommt es insbesondere beim Anwalt des betreuenden Elternteils darauf an, ein Bewusstsein dafür zu entwickeln, dass PAS als hochgradige Gefährdung des Kindeswohls zu sehen ist und keinesfalls einen eigenständigen Willen des Kindes spiegelt. Ein Anwalt, der die wahren psychologischen Hintergründe dieses Syndroms nicht kennt, kann daher leicht dazu beitragen, dass eine Wiederannäherung zwischen Kind und Elternteil für immer unmöglich bleibt. Denn Aussetzungs-, Befangenheits- oder sonstige Anträge ziehen ein Verfahren leicht endlos hin und bestärken nicht nur den Mandanten in seinem Kampf, sondern üben auch auf das Kind selbst beträchtlichen Druck aus. Sich in dieser Form dafür einzusetzen, ihm jeglichen Kontakt zum anderen Elternteil zu ersparen, kommt damit einem aktiven Beitrag zur Aufrechterhaltung seiner Belastung gleich. Deshalb kommt es ganz wesentlich darauf an, dass gerade der Anwalt des betreuenden Elternteils- eine Person, dem als erste Anlaufstelle des Mandanten meist viel Vertrauen entgegengebracht wird- auf diesen einwirkt, ihm verdeutlicht, in welcher tatsächlichen seelischen Notlage sich das Kind befindet, und darauf hinweist, *dass ganz besonders der Mandant selbst zu ihrer Beseitigung entscheidend beitragen kann. Aufklärungsbedarf besteht allerdings auch beim ,Gegner'. Auch dem ausgegrenzten Elternteil müsste durch seinen Anwalt deutlich gemacht werden, dass die dem Ex-Partner unterstellte vorsätzlich-boshafte Beeinflussung des Kindes keineswegs zwingend und meist auch nicht richtig ist; dass PAS in der Regel so subtil und unbemerkt entsteht, dass die Betreuenden fest davon überzeugt sind, ausschließlich im Interesse ihres Kindes zu handeln, wenn sie sich jeder Kontaktanbahnung zum anderen Elternteil mit Nachdruck widersetzen. Tagtäglich ist in Gerichtssälen zu erleben, wie entscheidend der gesamte Verlauf eines Verfahrens und damit meist auch sein Ende davon abhängt, mit welchem Rollenverständnis Anwälte dort auftreten. Ob sie bei Umgangsstreitigkeiten dieselbe kämpferische Haltung an den Tag legen, wie bei allen sonstigen Rechtsstreitigkeiten; wie sehr sie sich die persönliche, notgedrungen subjektive Sichtweise ihrer Mandantschaft zu eigen machen und deshalb jede Darstellung der Gegenseite sofort als ,Lüge' angreifen; oder inwieweit sie bereit sind, die ,Beobachtungen' ihres Mandanten nicht automatisch mit dessen ,Erklärungen' gleichzusetzen und beispielsweise die Verhaltensauffälligkeiten eines Kindes im Anschluss an Besuche beim anderen Elternteil nicht sofort mit dessen Person zu verbinden»*

Es ist von vielen Faktoren abhängig, wie so etwas ausgehen würde. Die Kraft habe ich nicht. Auch ist das Risiko, an die ,falschen' Anwälte oder Richter zu geraten, zu groß. Und letztlich würde es in diesem Fall möglicherweise sogar zu einem Schlusspunkt führen, von dem ich hoffe, dass er noch nicht gekommen ist.

Schlusswort der Studie:

« [12] *Bei allen Überlegungen zu PAS darf nicht übersehen werden, dass längst nicht jedes Kind, dessen Eltern in seiner Gegenwart verbittert miteinander streiten, dieses Syndrom entwickelt. Hinzukommen muss auf Seiten des Betreuenden vielmehr dreierlei:*

1. *Ein Bedürfnis nach Rache und Bestrafung des Ex-Partners*
2. *Fehlende Einsicht in die Notwendigkeit zur Trennung von Paar- und Elternebene*
3. *Ein ausgeprägtes Bedürfnis nach Bestätigung, Unterstützung, Bündnistreue und Loyalität*

Diesen Wunsch nach Solidarität hat in der Trennungskrise zwar jeder. Wenn Parteinahme für die eigene Person jedoch vom Kind ebenso bereitwillig angenommen wird wie von Erwachsenen, dann ist dies nur vor dem Hintergrund einer erheblichen Beeinträchtigung des Selbstwertgefühls zu verstehen. Deshalb muss für alle im Familienrecht tätigen Professionellen selbstverständlich sein.: PAS- Kinder lieben ihren abgelehnten Elternteil nicht weniger als den anderen. Sie sind lediglich in eine ‚Beziehungsfalle' geraten, aus der sie allein nicht wieder herausfinden»

---

[12] PAS- Ein Zwei-Phasen-Modell' von Uwe Jopt und Katharina Behrend. (Studie der Universität Bielefeld NRW)

Meine Hoffnung wird immer bestehen. Aber das Kämpfen, Bitten und Betteln nur für ein Gespräch, das gebe ich auf! MAMA GIBT AUF.

Gestern sprach ich mit einer Freundin aus meiner Heimat. Sie und ihre Familie wohnen in der Straße meiner Eltern und waren immer gute Ansprechpartner für jeden von uns. Lisa war oft damals bei ihr. Spielte mit den Kids und war immer sehr gern dort. Die Mutter wurde für sie auch eine Art Freundin. Sie tauschte sich auch mehrfach mit der Mutter aus. Auch dieser Kontakt brach plötzlich ab. Das konnten wir auch nie verstehen. Die Mutter bot ihr immer Hilfe bei Redebedarf an. Lisa schrieb ihr zumindest an Weihnachten. Da war sie auch die einzige, die von meiner Tochter noch einen Gruß bekam. Die Freundin berichtete mir, dass Lisa ihr eine Nachricht geschrieben hatte mit der Frage, ob sie mal anrufen dürfte. Natürlich immer, antwortete sie. Dann sprachen sie. Diese Freundin hatte immer gute Ansätze, Gedanken, Verständnis, und vor allem blieb sie immer neutral. Lisa wiederholte erst einmal die Vorwürfe und Klagen über mich. Also all die Dinge, die sie mir ja in unserem letzten Kontakt schon vorgeworfen hatte. Und ich könnte alles widerlegen, aufklären. Aber man lässt mich nicht, und es wird mir ja eh nichts geglaubt.

Das macht mich so wütend. Meine Freundin sagte ihr dazu nur, dass es ja immer zwei Seiten geben würde und dass das ja Themen seien, die nicht sie, sondern Mama und Papa zu klären hätten. Sie fragte Lisa auch, ob sie nicht traurig sei über die Situation, ob sie nicht auch an ihre Mutter denken würde, egal, wie gut sie sich mit Diana verstehen würde. Eine Mutter kann nicht ersetzt werden. Lisa antwortete, dass sie das tun würde. Und dass sie auch viel mit Papa und Diana über mich sprechen würde. Da kann ja leider nur nichts Gutes über mich herauskommen. Kein Wunder, dass meine Tochter mich einfach nur noch doof findet. Sie hat ja mit Keinem mehr Kontakt aus dem alten Leben, der sie mal an gewisse Sachen erinnern könnte. Die mal sagen könnten, dass manches vielleicht nicht so ist, wie es ihr erzählt wird. Meine Freundin bot ihr an, sie doch wieder einmal zu besuchen. Sie und die Kinder würden sich freuen. Ihre Antwort lautete: «das fänden Papa und Diana bestimmt nicht gut» Und da ist wieder das Problem. Meine Freundin hatte den Eindruck, dass Lisa, wenn es nach ihr ginge, ganz gewiss zu Besuch kommen würde. Aber die Angst, vor schlechter Stimmung zuhause, ist einfach zu groß. Ihr kam es so vor, als ob Lisa einen Anker gesucht hätte. Und ich habe auch überlegt, warum sucht sie plötzlich einen Kontakt. Sofort kommen Hoffnungen auf. Aber die verdränge ich sofort wieder. Ich habe mich schon so oft getäuscht, war so oft enttäuscht. Aber ich freue mich trotzdem, dass sie diesen einen Kontakt gesucht hat. Warum auch immer. Es ist der einzige (!) Kontakt in meine Welt, in meine Familie, Freundes- und Bekanntenkreis. Und was ich von meiner Freundin toll fand ist, dass sie Lisa an ihre Großeltern erinnert hat. Dass sie doch so traurig über diese Situation seien und dass Oma und Opa sich doch so freuen würden, sie einmal zu sehen. Vielleicht überlegt sie es sich ja doch noch einmal. Aber auch dann würden Sven und Diana ihr da bestimmt wieder Steine in den Weg legen. Keiner weiß, wie es weitergehen wird. Vor ein paar Tagen wurde ich gefragt, warum ich Lisa nicht einfach mal anrufen würde. Sie würde vermutlich aus Angst, Wut oder Unsicherheit nicht ans Telefon gehen. Aber sie würde sich zumindest Gedanken machen, aus welchem Grund ich das getan hätte. Dass sie direkt, ohne Papa im Nacken, ohne Absprache an den Hörer gehen würde, ohne zu wissen was ich von ihr wolle, bezweifle ich ganz stark. Ich bin leider auch mittlerweile so vorbelastet, dass ich Angst habe davor. Angst, wieder eine Abfuhr zu bekommen, dass es wieder so weh tut. Ich weiß einfach noch nicht, ob ich es schaffe. Und ich bin nicht sicher, ob ich das wirklich tun sollte.

Liebes, genau wie du, habe auch ich gelitten und tue es immer noch. Es tut mir alles so leid. Bitte denk daran, dass ich immer für dich da sein werde. Meine Tür und mein Herz stehen bis zu meinem Lebensende für dich offen!
In ewiger tiefer Liebe
Mama

Wenn ich gefragt werde, ob ich diesen Schritt in ein neues Leben bereue, kann ich trotz Schmerz und Verlust sagen: Nein. Denn Liebe und Vertrauen in einer Beziehung sind das Wichtigste. Und das, was man den Kindern vorlebt, auch wenn es unbewusst ist. Sie spüren und merken, ob etwas gut oder nur vorgetäuscht ist. Nur das Umsetzen, die richtige Übersetzung, das ist verdammt schwer. In der Trennungsphase hätte ich vielleicht ein paar Dinge anders gemacht, im Nachhinein. Ich habe vor kurzem Tobias geheiratet. Wir sind glücklich zusammen. Marie und Jonas geht es auch gut. Wir arbeiten an dem regelmäßigen Umgang mit Sven. Sie haben sich hier gut eingelebt. Wir bauen jetzt ein neues Haus. Das Leben geht weiter.

Ich danke den Verfassern dieser Studie, meinem Mann, meiner Familie und guten Freunden, die immer ein Ohr für mich haben und für mich da sind. Es gibt nämlich nicht nur mich, die unter Kindesentfremdung leidet. Es sind weitaus mehr. Nämlich all die, die Lisa liebhaben und die sie vermissen, und das sind verdammt viele. Ich danke allen, die dieses Buch gelesen haben. Es tat mir sehr gut, mir einfach mal alles von der Seele zu schreiben.

Ein kurzer Erfahrungs- und Erlebnisbericht einer Mutter über das Thema Trennung und der daraus resultierenden Kindesentfremdung. Ein Hilferuf, und ein Versuch, die Sensibilität für das PAS Syndrom bei Jugendamtsmitarbeitern, Anwälten und Richtern zu fördern. Ein Buch für Betroffene Elternteile, die es zu Genüge geben wird. Ein Buch, welches vielleicht eine Hilfestellung geben kann, um es selber besser zu machen. Beziehungsweise, es nicht soweit kommen zu lassen. Ein Buch, welches vielleicht ein wenig Trost spenden kann. Man ist nicht alleine mit dem Schmerz!